أفضل كتاب طبخ

ارتقِ بتجربة ما قبل اللعبة مع 100 وصفة شهية ونصائح رابحة

تريستان مانيوز

جدول المحتويات

مقدمة

مرحبًا بك في أفضل كتاب طبخ! كتاب الطبخ هذا هو دليلك الشامل لإتقان فن الطبخ وتحويل التجمعات التي تسبق اللعبة إلى أعياد لا تُنسى. سواء كنت مبتدئًا متمرسًا أو مبتدئًا تتطلع للانضمام إلى الإثارة ، استعد لأخذ تجربة لعبتك اليومية إلى مستوى جديد تمامًا.

في كتاب الطهي هذا ، قمنا برعاية مجموعة من الوصفات التي ترضي الجماهير والتي ستغذي روحك وترضي ذوقك. من الأطعمة الكلاسيكية المريحة مثل البرغر العصير والأجنحة التي تلعق الأصابع إلى التقلبات الإبداعية في الألعاب المفضلة في يوم اللعبة ، لقد قمنا بتغطيتك. استعد لإبهار زملائك المعجبين بأطباق شهية يسهل صنعها ونقلها والاستمتاع بها في ساحة انتظار السيارات بالملعب.

لكن كتاب الطبخ هذا لا يتعلق فقط بالوصفات. سنقوم أيضًا بمشاركة النصائح والحيل الفائزة لإعداد الحفلة النهائية في الباب الخلفي ، من المعدات الأساسية واختراقات المنظمة إلى أنشطة يوم اللعبة التي ستبقي الجميع مستمتعين. سواء كنت تتسابق في مباراة كرة قدم أو حفلة موسيقية أو أي حدث آخر ، فإن هدفنا هو جعل تجربتك قبل المباراة لا تُنسى ولذيذة ومليئة بالصداقة الحميمة.

استعد لإنشاء انتشار رابح يجعلك أفضل لاعب في كل حفلة على الأبواب الخلفية. لتبدأ الالعاب!

1. أجنحة دجاج مشوية

مكونات:

- 2 رطل أجنحة دجاج
- 1/2 كوب صوص باربيكيو
- 1/4 كوب عسل
- 1/4 كوب صلصة الصويا
- 2 فص ثوم مفروم
- 1 ملعقة صغيرة زنجبيل مطحون
- الملح والفلفل حسب الذوق

تعليمات:

a) في وعاء صغير ، اخفقي صلصة الباربيكيو والعسل وصلصة الصويا والثوم والزنجبيل والملح والفلفل.

b) ضعي أجنحة الدجاج في كيس بلاستيكي كبير قابل للغلق واسكبي التتبيلة فوقه. أغلق الكيس واقلبه لتغطية الأجنحة.

c) انقع في الثلاجة لمدة ساعتين على الأقل ، أو طوال الليل للحصول على أفضل النتائج.

d) سخن الشواية على حرارة متوسطة إلى عالية. أزل الأجنحة من التتبيلة وتخلص من التتبيلة المتبقية.

e) اشوي الأجنحة لمدة 15-20 دقيقة ، مع التقليب من حين لآخر ، حتى تنضج بالكامل ومقرمشة.

f) قدميها ساخنة مع صلصة التغميس المفضلة لديك.

2. تراجع الجاموس الدجاج

مكونات:

- 2 كوب دجاج مطبوخ مبشور
- 8 أونصة جبنة كريمية طرية
- 1/2 كوب صلصة حارة
- 1/2 كوب صلصة رانش
- 1 كوب جبن شيدر مبشور
- 1/4 كوب جبنة زرقاء مفتتة (اختياري)
- رقائق التورتيلا أو أعواد الكرفس للتقديم

تعليمات:

a) يسخن الفرن إلى 350 درجة فهرنهايت.

b) في وعاء كبير ، يُمزج الدجاج المبشور مع كريمة الجبن والصلصة الحارة وصلصة الرانش. يقلب حتى يمتزج جيدًا.

c) انشر الخليط في طبق خبز 9 بوصات ورشي جبنة الشيدر المبشورة وفتات الجبن الأزرق (إذا كنت تستخدم).

d) اخبزيها لمدة 20-25 دقيقة ، أو حتى تصبح ساخنة وبها فقاعات.

e) قدميها ساخنة مع رقائق التورتيلا أو أعواد الكرفس.

3 . <u>بوبرس جالابينو</u>

مكونات:

- 12 حبة فلفل هالابينو ، مقطعة نصفين بالطول ومزروعة.
- 8 أونصة جبنة كريمية طرية
- 1/2 كوب جبن شيدر مبشور
- 1/4 كوب جبن بارميزان مبشور
- 1/4 ملعقة صغيرة مسحوق ثوم
- 1/4 ملعقة صغيرة مسحوق بصل
- الملح والفلفل حسب الذوق
- 12 شريحة لحم مقدد ، نصفين

تعليمات:

a) يسخن الفرن إلى 400 درجة فهرنهايت.

b) في وعاء للخلط ، يُمزج الجبن الكريمي مع جبنة الشيدر وجبنة البارميزان ومسحوق الثوم ومسحوق البصل والملح والفلفل. تخلط حتى تمتزج جيدا.

c) يُسكب مزيج الجبن بالتساوي في نصفي الهالبينو.

d) لف كل نصف فلفل هالابينو بشريحة من لحم الخنزير المقدد وثبته بعود أسنان.

e) ضعي بوبرس الهالبينو على ورقة خبز واخبزيها لمدة 20-25 دقيقة ، أو حتى يصبح لحم الخنزير المقدد مقرمشًا والحشو ساخنًا ومليء بالفقاعات.

f) يقدم ساخنا.

4 . القلوية بابا غنوج

الحصص: 4
وقت التحضير: 30 دقيقة

المقادير :

- 1 باذنجان كبير
- حفنة من البقدونس
- 1-2 فص ثوم
- عصير 2 ليمون
- 2 ملاعق كبيرة من الطحينة
- ملح وفلفل أسود حسب الرغبة

تعليمات :

a) سخني الشواية على درجة حرارة متوسطة إلى عالية واطهي الباذنجان كله لمدة نصف ساعة تقريبًا.
b) نقطعها ونكشط الدواخل بملعقة ، ثم نضع اللحم في مصفاة.
c) حتى مزيج سلس.

5. الكوسة والحمص الحمص

الحصص: 4
وقت التحضير: 30 دقيقة

المقادير :

- 1 علبة حمص ، مصفاة ومغسولة
- 1 فص ثوم مفروم
- حبة كوسة خضراء مفرومة
- حفنة بقدونس مفروم
- حفنة من الريحان المفروم
- الهيمالايا أو ملح البحر
- فلفل أسود مطحون طازجاً
- 4 ملاعق كبيرة زيت زيتون
- القليل من عصير الليمون الطازج

تعليمات :

a) امزج كل شيء.

6. الحمص الحمص والطحينة الحمص

الحصص: 2
وقت التحضير: 10 دقائق

المقادير :

- عصير نصف ليمونة
- 1 علبة حمص مجفف ، منقوع
- 1 فص ثوم
- 1 ملعقة كبيرة طحينة
- 1 ملعقة كبيرة زيت زيتون

تعليمات :

a) امزج كل شيء حتى يصبح ناعمًا.

7. <u>حمص حمص بالثوم</u>

الحصص: 2
وقت التحضير: ١٠ دقائق

المقادير :

- 2 فص ثوم
- 1 علبة حمص
- 1 ملعقة كبيرة طحينة
- عصير ليمون 1 ليمونة
- 1 ملعقة طعام زيت زيتون

تعليمات :

a) في وعاء الخلط ، اخلطي جميع المكونات.

8. يقطين حار مع كريمة الجبن

الوقت الإجمالي للتحضير: 5 دقائق
الحصص: 4-6 حصص

مكونات

- 8 أونصات جبنة كريمية
- 15 أوقية اليقطين المعلب غير المحلى
- 1 ملعقة صغيرة قرفة
- ¼ ملعقة صغيرة بهارات
- ¼ ملعقة صغيرة جوزة الطيب
- 10 جوز أمريكي ، مهروس

تعليمات

a) تُخفق الجبنة الكريمية واليقطين المعلب معًا في الخلاط حتى تصبح كريمية.
b) أضيفي القرفة. والبهارات وجوزة الطيب والبقان حتى تمتزج جيدًا. قبل التقديم ، برد لمدة ساعة في الثلاجة.

التغذية: 227 سعرات حراريه | 19 جم دهون (4 جم مشبع) | كوليسترول 0 ملغ | صوديوم 275 ملجم | كربوهيدرات 12 جم | الألياف الغذائية 6 جم | بروتين 4 جم.

9. جبنة كريم و عسل

الوقت الإجمالي للتحضير: 5 دقائق
الحصص: 2 حصص

مكونات

a) 2 أونصة جبنة كريمية
b) 2 ملاعق كبيرة عسل
c) ¼ كوب عصير برتقال معصور
d) ½ ملعقة صغيرة قرفة مطحونة

تعليمات

a) امزج كل شيء حتى يصبح ناعمًا.

التغذية: السعرات الحرارية 160 | دهون 8 جم (مشبع 2 جم) | كوليسترول 0 ملغ | صوديوم 136 ملجم | 22 جم كربوهيدرات | الألياف الغذائية 0 جم | بروتين 1 جم.

10. Guacamole القلوية Garlicky

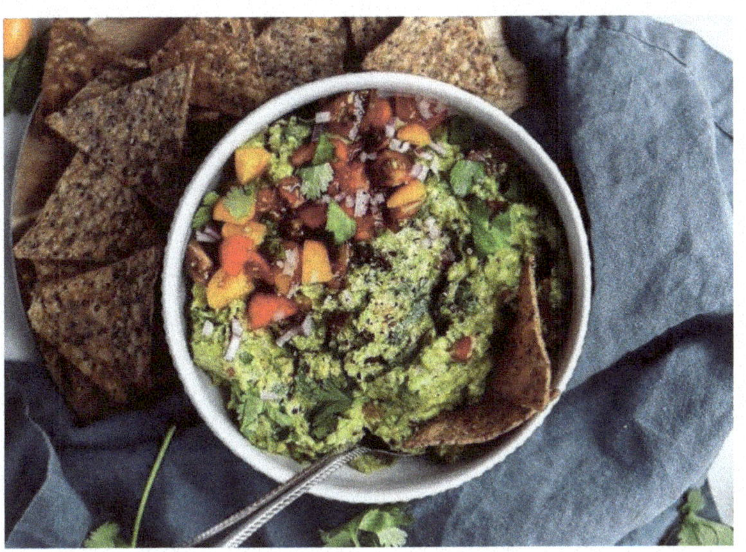

الوقت الإجمالي للتحضير: 10 دقائق
الحصص: 6 حصص

مكونات

- 2 أفوكادو. منزوع النوى
- 1 طماطم ، مفرومة ناعماً
- ½ ملعقة كبيرة عصير ليمون طازج
- ½ بصلة صفراء صغيرة مفرومة ناعماً
- 2 فص ثوم معصور
- ¼ ملعقة صغيرة ملح البحر
- اندفاعة من الفلفل
- أوراق الكزبرة الطازجة المفرومة

تعليمات

a) باستخدام هراسة البطاطس ، اهرسي الأفوكادو. في وعاء صغير.
b) قدميها مباشرة بعد خلط المكونات الإضافية في الأفوكادو المهروس.

التغذية: السعرات الحرارية 97 | دهون 8 جم (مشبع 2 جم) | كوليسترول 0 ملغ | الصوديوم 97 ملجم | كربوهيدرات 6 جم | الألياف الغذائية 5 جرام | بروتين 1 جم.

11 . الصلصا القلوية جالابينو

الوقت الإجمالي للتحضير: 10 دقائق
الحصص: 4 حصص

مكونات

- 4 حبات متوسطة الحجم مقشرة ومقطعة إلى مكعبات
- ¼ كوب بصل أحمر مقطع
- فلفل هالابينو ، منزوع البذور ومفروم ناعماً
- 1 ملعقة كبيرة زيت زيتون معصور على البارد
- 1 ملعقة صغيرة ملح البحر
- 1 ملعقة صغيرة كمون
- 1 ملعقة صغيرة ثوم مفروم
- البقدونس الطازج

تعليمات

a) اخلط جميع المكونات.

التغذية: السعرات الحرارية 73 | الدهون 4 جم (مشبع 1 جم) | كوليسترول 0 ملغ | الصوديوم 582 ملجم | كربوهيدرات 9 جم | الألياف الغذائية 1 جم | بروتين 1 جم.

12 . قبلات القلب الكافيار

مكونات:

- 1 خيار مقشر ومقطع
- 1/3 كوب كريمة حامضة
- 1 ملعقة صغيرة من عشبة الشبت المجففة
- فلفل أسود مطحون طازجًا حسب الرغبة
- 1 جرة كافيار سلمون أحمر
- أغصان الشبت الطازجة
- 8 شرائح رقيقة من خبز القمح الكامل
- الزبدة أو المارجرين

الاتجاهات:

a) قطّع الخيار إلى شرائح بحجم 1/4 بوصة.

b) في وعاء صغير ، يُمزج القشدة الحامضة والشبت المجفف والفلفل. توضع ملعقة صغيرة من خليط الكريما الحامضة على كل شريحة خيار. زين كل منها بحوالي نصف ملعقة صغيرة من الكافيار وغصن الشبت.

c) قطع شرائح الخبز باستخدام قطاعة بسكويت على شكل قلب. خبز و زبدة. توضع شرائح الخيار في منتصف طبق التقديم وتُحاط بقلوب التوست.

13. لدغات بوريتو

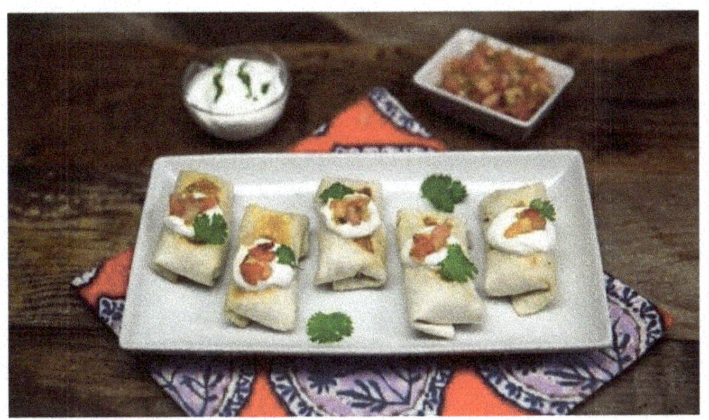

مكونات:

- 1 علبة طماطم مقطعة
- 1 كوب أرز سريع التحضير
- نصف كوب ماء
- 1 فلفل أخضر ، مقطع إلى مكعبات
- 2 بصل أخضر مقطّع إلى شرائح
- 2 كوب جبنة شيدر مبروشة ، مقسمة
- 1 علبة فاصوليا مطبوخة على طريقة الرانش (16 أونصة)
- 10 تورتيلا طحين (6-7 بوصات)
- 1 كوب الصلصا

الاتجاهات:

a) يسخن الفرن إلى 350 درجة فهرنهايت. رش طبق خبز مقاس 9x12 بوصة مع PAM واتركه جانبًا.

b) في قدر متوسط الحجم ، يُمزج الأرز والماء ؛ يسخن حتى يغلي.

c) خففي الحرارة ، غطي واتركي المزيج على نار هادئة لمدة دقيقة. يُرفع عن النار ويترك لمدة 5 دقائق أو حتى يمتص كل السائل. أضيفي الفلفل والبصل و 1 كوب جبن.

d) وزعي حوالي 3 ملاعق كبيرة من الفاصوليا فوق كل خبز تورتيلا حتى نصف بوصة من الحافة ، وضعي طبقة من خليط الأرز فوق الفاصوليا ، ولفيها ، وضعي جانب التماس لأسفل في طبق خبز مُجهز ، وغطيها بورق الألومنيوم.

e) تُخبز في فرن مُسخن لمدة 25 دقيقة أو حتى تصبح ساخنة. قطعي التورتيلا إلى 4 قطع وضعيها على طبق. ضعي الصلصة والجبن فوقها . ضعي الصلصة والجبن فوقها. يُعاد إلى الفرن ويُخبز لمدة 5 دقائق أو حتى يذوب الجبن.

14. قطع الجوز الدجاج

مكونات:

- 1 كوب مرقة دجاج
- نصف كوب سمنة
- 1 كوب دقيق
- 1 ملعقة طعام بَقدونس
- 2 ملاعق صغيرة الملح محنك
- 2 ملاعق صغيرة صلصة رسيستيرشاير
- 34 ملاعق صغيرة بذور الكرفس
- نصف ملعقة صغيرة فلفل أحمر
- نصف ملعقة صغيرة حريف
- 4 بيض كبير
- 2 صدور دجاج مسلوقة منزوعة الجلد
- نصف كوب لوز محمص

الاتجاهات:

15. سخني الفرن على 400 درجة. في مقلاة ثقيلة ، يُمزج المرق والزبدة ويُغلى المزيج. يخفق في الدقيق والتوابل.
16. يُطهى ويُخفق بسرعة حتى يترك الخليط جوانب المقلاة ويشكل كرة ناعمة ومضغوطة. ازالة من الحرارة. أضيفي بيضة واحدة تلو الأخرى ، واخفقي جيدًا حتى يصبح المزيج لامعًا. يقلب في الدجاج واللوز.
17. ضعه بملعقة صغيرة مدورة على صواني خبز مدهونة بالزبدة. اخبزيها لمدة 15 دقيقة. جمدها بعد الخبز.

15 . اصابع دجاج بافلو

مكونات:

- 2 كوب دقيق لوز
- 1 ملعقة صغيرة ملح
- 1 ملعقة صغيرة فلفل أسود
- 1 ملعقة صغيرة بقدونس مجفف
- 2 بيض كبير
- 2 ملاعق كبيرة حليب جوز الهند المعلب كامل الدسم
- 2 رطل دجاج تندرز
- 1/2 كوب صلصة بافلو فرانك ريد هوت

الاتجاهات:

a) يسخن الفرن إلى 350 درجة فهرنهايت.

b) يُمزج دقيق اللوز والملح والفلفل والبقدونس في وعاء متوسط الحجم ويترك جانبًا.

c) يخفق البيض وحليب جوز الهند معًا في وعاء متوسط منفصل.

d) تُغمس كل دجاجة طرية في خليط البيض ثم تُغطى بالكامل بخليط دقيق اللوز. تُرتب العطاءات المطلية في طبقة واحدة على صينية خبز.

e) اخبزي لمدة 30 دقيقة مع التقليب مرة واحدة أثناء الطهي. أخرجه من الفرن واتركه ليبرد لمدة 5 دقائق.

f) توضع قطع الدجاج في وعاء كبير وتضاف صلصة البافلو. قلبيها لتغطي تمامًا.

16 . رغيف اللحم فطائر

مكونات:

- 1 رطل لحم مفروم
- 1 كوب سبانخ مفروم
- 1 بيضة كبيرة مخفوقة قليلاً
- 1/2 كوب جبن موزاريلا مبشور
- 1/4 كوب جبن بارميزان مبشور
- 1/4 كوب بصل أصفر مقطع
- 2 ملاعق كبيرة فلفل هالابينو مفروم

الاتجاهات:

a) يسخن الفرن إلى 350 درجة فهرنهايت. دهن كل بئر من قالب المافن بقليل من الدهن.

b) امزج جميع المكونات في وعاء كبير واستخدم يديك للخلط.

c) ضع كمية متساوية من خليط اللحم في كل قالب مافن واضغط لأسفل برفق. اخبزي لمدة 45 دقيقة أو حتى تصل درجة الحرارة الداخلية إلى 165 درجة فهرنهايت.

17 . لحم خنزير مقدد لدغات الأفوكادو

مكونات:

- 2 حبة أفوكادو. كبيرة مقشرة ومنزوعة النوى
- 8 شرائح لحم مقدد بدون سكر مضاف
- 1/2 ملعقة صغيرة ملح ثوم

الاتجاهات:

a) يسخن الفرن إلى 425 درجة فهرنهايت. خط ورقة الكعكة مع ورقة. شهادة جامعية.

b) قطّ ع كل حبة أفوكادو إلى 8 شرائح متساوية الحجم ، ليصبح المجموع 16 شريحة.

c) قطع كل قطعة من لحم الخنزير المقدد إلى نصفين. لف نصف شريحة من لحم الخنزير المقدد حول كل قطعة من الأفوكادو. يرش ملح الثوم.

d) ضعي الأفوكادو على ورق البسكويت واخبزيه لمدة 15 دقيقة. اقلب الفرن إلى الشواء واستمر في الطهي لمدة 2-3 دقائق أخرى حتى يصبح لحم الخنزير المقدد مقرمشًا.

18 . لقيمات بيتزا

مكونات:

- 24 شريحة بيبروني خالية من السكر
- 1/2 كوب صلصة مارينارا
- 1/2 كوب جبن موزاريلا مبشور

الاتجاهات:

A) قم بتشغيل شواية الفرن.

B) ضعي ورق زبدة على صينية فرن وضعي شرائح البيروني في طبقة واحدة.

C) ضعي 1 ملعقة صغيرة من صلصة المارينارا على كل شريحة بيبروني ووزعيها بملعقة. أضف 1 ملعقة صغيرة جبن موزاريلا فوق المارينارا.

D) ضعي صينية الخبز في الفرن واتركيها لمدة 3 دقائق أو حتى تذوب الجبن ويصبح لونها بني قليلاً.

E) أخرجها من صينية الخبز وانقلها إلى ورقة. خبز مبطنة بمنشفة ورقية لامتصاص الدهون الزائدة.

19 . لدغات لحم الخنزير المقدد والبصل الأخضر

مكونات:

- 1/3 كوب من وجبة اللوز
- 1 ملعقة كبيرة زبدة غير مملحة ذائبة
- 1 عبوة (8 أونصات) جبنة كريمية ، طرية لدرجة حرارة الغرفة
- 1 ملعقة كبيرة دهن لحم مقدد
- 1 بيضة كبيرة
- 4 شرائح من لحم الخنزير المقدد الخالي من السكر ، مطبوخة ومبردة ومفتتة إلى قطع صغيرة
- 1 بصلة خضراء كبيرة مقطعة إلى شرائح رقيقة
- 1 فص ثوم مفروم
- 1/8 ملعقة صغيرة فلفل اسود

الاتجاهات:

A) سخني الفرن إلى 325 درجة فهرنهايت.

B) في وعاء خلط صغير ، يُمزج دقيق اللوز والزبدة.

C) ضع 6 أكواب من قالب الكعك القياسي مع بطانات كب كيك. قسّم خليط وجبة اللوز بالتساوي بين الكؤوس واضغط على القاع برفق بمؤخرة ملعقة صغيرة. تُخبز في الفرن لمدة 10 دقائق ، ثم تُرفع.

D) أثناء خبز القشرة ، اخلطي الجبن الكريمي ودهن لحم الخنزير المقدد جيدًا في وعاء خلط متوسط الحجم بخلاط يدوي. أضف البيض واخلط حتى يتجانس.

E) يُمزج لحم الخنزير المقدد والبصل والثوم والفلفل في مزيج الجبن الكريمي باستخدام ملعقة.

F) يُقسم الخليط بين الأكواب ، ويُعاد إلى الفرن ، ويُخبز لمدة 30-35 دقيقة أخرى حتى يتماسك الجبن. قد تكون الحواف بنية قليلاً. لاختبار النضج ، أدخل المسواك في المنتصف. إذا خرج نظيفًا ، يكون التشيز كيك جاهزًا.

G) اتركيه يبرد لمدة 5 دقائق وقدميه.

20 . قطع الدجاج الملفوفة باللحم المقدد

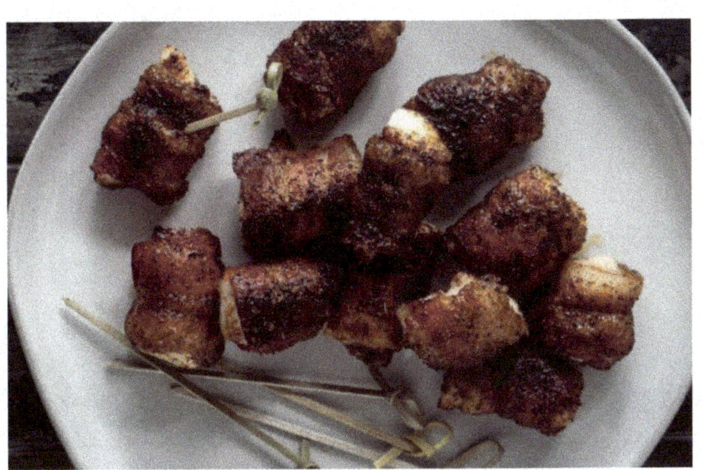

مكونات:

- 3/4 باوند من صدور الدجاج منزوعة العظم والجلد ، مقطعة إلى مكعبات بحجم 1 بوصة
- 1/2 ملعقة صغيرة ملح
- 1/2 ملعقة صغيرة فلفل أسود
- 5 شرائح لحم مقدد بدون سكر مضاف

الاتجاهات:

A) يسخن الفرن إلى 375 درجة فهرنهايت.

B) قلبي الدجاج بالملح والفلفل.

C) قطع كل شريحة من لحم الخنزير المقدد إلى 3 قطع ولف كل قطعة من الدجاج بقطعة من لحم الخنزير المقدد. ثبته باستخدام عود أسنان.

D) ضعي الدجاج الملفوف على رف الشواء واخبزيه لمدة 30 دقيقة مع التقليب في منتصف عملية الطهي. يُقلب الفرن على النار ويشوي لمدة 3-4 دقائق أو حتى يصبح لحم الخنزير المقدد مقرمشًا.

21 . لدغات لحم الخنزير المقدد والمحار

مكونات:

- 8 شرائح لحم خنزير مقدد
- نصف كوب حشو الأعشاب المتبل
- 1 علبة (5 أوقية) المحار ؛ مقطع
- نصف كوب ماء

الاتجاهات:

A) يسخن الفرن إلى 350 درجة. نقطع شرائح لحم الخنزير المقدد إلى نصفين ويطهى قليلاً. لا تفرط في البحث.

B) يجب أن يكون لحم الخنزير المقدد طريًا بما يكفي للدحرجة بسهولة حول الكرات. يُمزج الحشو والمحار والماء.

C) تتدحرج إلى كرات بحجم اللدغة ، حوالي 16.

D) لف الكرات في لحم الخنزير المقدد. اخبز في 350 درجة لمدة 25 دقيقة. قدميها دافئة.

22 . لدغات الجاموس القرنبيط

مكونات:

- 1 كوب وجبة لوز
- 1 ملعقة صغيرة ثوم حبيبات
- 1/2 ملعقة صغيرة بقدونس مجفف
- 1/2 ملعقة صغيرة ملح
- 1 بيضة كبيرة
- 1 قرنبيط كبير الحجم ، مقطّع إلى زهيرات صغيرة الحجم
- 1/2 كوب من صلصة فرانك الحمراء الحارة
- 1/4 كوب سمن _

الاتجاهات:

A) يسخن الفرن إلى 400 درجة فهرنهايت. ضعي ورق الزبدة على صينية الخبز.

B) يُمزج دقيق اللوز والثوم والبقدونس والملح في كيس بلاستيكي كبير قابل للغلق ويهز المزيج.

C) اخفقي البيض في وعاء كبير. يُضاف القرنبيط ويُقلب حتى يتغطى تمامًا.

D) ينقل القرنبيط إلى كيس مليء بخليط وجبة اللوز ويقلب حتى يتغطى.

E) رتب القرنبيط في طبقة واحدة على صينية خبز واخبزيه لمدة 30 دقيقة أو حتى يلين ويصبح لونه بنيًا قليلاً.

F) أثناء خبز القرنبيط ، تُمزج الصلصة الحارة والسمن في قدر صغيرة على نار خفيفة.

G) عندما ينضج القرنبيط ، يُمزج القرنبيط مع خليط الصلصة الحارة في وعاء خلط كبير ويُقلب حتى يتماسك.

23 . تشوروز شوكولاتة تشيلي ميني

مكونات:

- 1 كوب ماء
- 1/2 كوب زيت جوز الهند أو زبدة نباتية
- 1 كوب دقيق
- 1/4 ملعقة صغيرة ملح
- 3 بيضات مخفوقة
- خليط السكر بالقرفة.
- 1/2 كوب سكر 1 ملعقة كبيرة قرفة

الاتجاهات:

a) يُسخن الفرن مسبقًا إلى 400: يُمزج الماء وزيت جوز الهند / الزبدة والملح في قدر ويُغلى المزيج.

b) اخفقي في الدقيق مع التحريك بسرعة حتى يتحول الخليط إلى كرة.

c) قلبي البيض ببطء قليلًا في كل مرة مع التقليب المستمر للتأكد من عدم تقليب البيض.

d) اترك الخليط يبرد قليلًا ، ثم انقله إلى كيس الأنابيب.

e) اصنع كروس بطول 3 بوصات في صفوف على صفيحة الخبز المدهونة بالزبدة.

f) تُخبز في الفرن لمدة 10 دقائق على حرارة 400 درجة ثم تُشوى على نار عالية لمدة 1-2 دقيقة حتى يصبح لون الكروس الخاص بك بنياً ذهبياً.

g) في هذه الأثناء ، اخلطي القرفة والسكر معًا في طبق صغير.

h) بمجرد خروج الكروس من الفرن ، ضعيها في مزيج القرفة والسكر حتى تغطى بالكامل. اجلس جانبا.

24 . لدغات بولابيس

مكونات:

- 24 وسط روبيان - مقشر و
- ديفينيد
- 24 وسط البحر اسقلوب
- 2 كوب صلصة طماطم
- 1 علبة محار مفروم (6-1 / 2 أونصة)
- 1 ملعقة كبيرة بيرنو
- 20 مل
- 1 ورقة غار
- 1 ملعقة صغيرة ريحان
- نصف ملعقة صغيرة ملح
- نصف ملعقة صغيرة فلفل مطحون طازج
- ثوم - مفروم
- زعفران

الاتجاهات:

a) سيخ الروبيان والمحار على أسياخ الخيزران مقاس 8 بوصات ، باستخدام 1 جمبري و 1 أسقلوب لكل سيخ ؛ لف ذيل الجمبري حول الإسكالوب.

b) اخلطي صلصة الطماطم والمحار والبيرنود والثوم وورق الغار والريحان والملح والفلفل والزعفران معًا في قدر. يُغلى المزيج.

c) رتب السمك المشوي في أسياخ في طبق خبز ضحل.

d) رشي الصلصة على الأسياخ. اخبزيها بدون غطاء على حرارة 350 درجة لمدة 25 دقيقة. يجعل 24

25 . أكواب القرنبيط

مكونات:

- 1 12 كوب أرز قرنبيط
- 1/4 كوب بصل مقطع
- 1/2 كوب جبن بيبر جاك مبشور
- 1/2 ملعقة صغيرة اوريجانو مجفف
- 1/2 ملعقة صغيرة ريحان مجفف
- 1/2 ملعقة صغيرة ملح
- 1 بيضة كبيرة مخفوقة قليلاً

الاتجاهات:

a) يسخن الفرن إلى 350 درجة فهرنهايت.

b) امزج جميع المكونات في وعاء خلط كبير وحركها حتى تتجانس.

c) يُسكب المزيج في آبار قالب مافن صغير ويُعبأ برفق.

d) اخبزي لمدة 30 دقيقة أو حتى تبدأ الأكواب في الهشاشة. اتركيه ليبرد قليلاً ثم أخرجه من الصفيح.

26 . أكواب ماك اند تشيز

مكونات:

- 8 أوقية معكرونة الكوع
- 2 ملعقة كبيرة زبدة مملحة
- 1/4 ملعقة صغيرة بابريكا (استخدم الفلفل الحلو المدخن إذا كان لديك)
- 2 ملعقة كبيرة طحين
- 1/2 كوب حليب كامل الدسم
- 8 أونصة جبن شيدر حاد مبشور
- الثوم المعمر المفروم أو البصل الأخضر للتزيين
- زبدة لدهن المقلاة

الاتجاهات:

a) دهن قالب غير لاصق: قالب مافن صغير جيداً بالزبدة أو غير لاصق: رذاذ الطبخ. سخن الفرن على 400 درجة فهرنهايت.

b) قم بغلي وعاء من الماء المملح على نار عالية ، ثم قم بطهي المعكرونة لمدة دقيقتين أقل من العبوة المذكورة.

c) نذوب الزبدة ونضيف الفلفل الحلو. يضاف الدقيق ويقلب الخليط لمدة دقيقتين. أثناء الخفق ، أضيفي الحليب.

d) ارفعي القدر عن النار وأضيفي الجبن والمعكرونة المصفاة مع التقليب معًا حتى يتوزع الجبن والصلصة جيدًا.

e) ضعي المعكرونة والجبن في أكواب المافن إما بملعقة أو 3 ملاعق كبيرة من البسكويت.

f) اخبزي أكواب المعكرونة والجبن لمدة 15 دقيقة ، حتى تصبح فقاعات ولزجة.

27 . أكواب بولونيا كيشي

مكونات:

- 12 شريحة بولونيا
- 2 بيض
- ربع كوب خلطة بسكويت
- كوب جبن حاد مبروش
- نصف كوب مخلل حلو المذاق
- 1 كوب حليب

الاتجاهات:

e) ضعي شرائح بولونيا في علب مافن مدهونة بقليل من الزيت لتشكيل أكواب.

f) امزج المكونات المتبقية معًا. تصب في أكواب بولونيا.

g) تُخبز في درجة حرارة (400 فهرنهايت) لمدة 20-25 دقيقة أو حتى تصبح ذهبية اللون.

28 . كوب مافن بروسيوتو

مكونات:

- من بروسيوتو (حوالي 1/2 أونصة)
- 1 صفار بيضة متوسطة
- 3 ملاعق كبيرة بري بري
- 2 ملاعق كبيرة جبنة موزاريلا
- 3 ملاعق كبيرة جبن بارميزان مبشور

الاتجاهات:

a) يسخن الفرن إلى 350 درجة فهرنهايت. قم بإخراج قالب مافن به آبار بعرض 2 1/2 بوصة وعمق 1 1/2 بوصة .

b) اطوِ شريحة اللحم إلى النصف حتى تصبح شبه مربعة. ضعه في قالب الكعك جيدًا لضبطه تمامًا.

c) ضع صفار البيض في كوب بروسيوتو.

d) أضف الجبن فوق صفار البيض برفق دون كسره.

e) اخبزي لمدة 12 دقيقة حتى ينضج الصفار ودافئًا لكن لا يزال سائلًا.

f) اتركه يبرد لمدة 10 دقائق قبل إزالته من قالب الكعك.

29 . أكواب براعم بروكسل

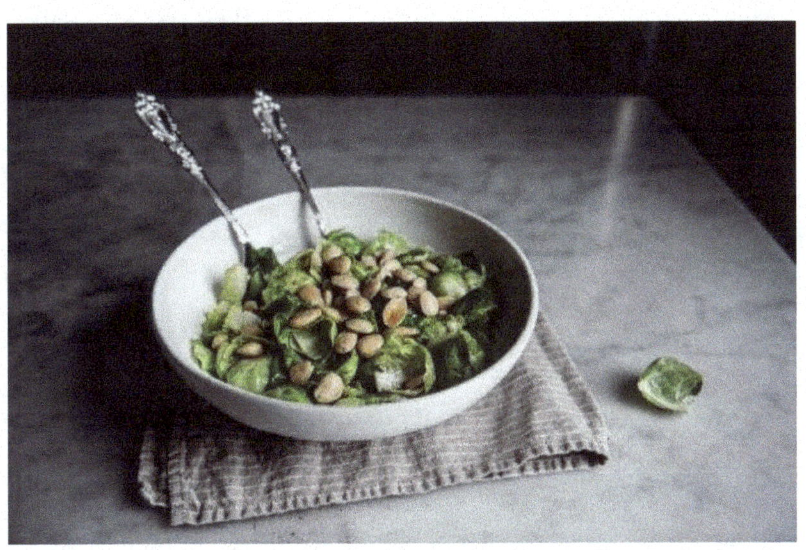

مكونات:

- 12 حبة وسط من كرنب بروكسل
- بطاطس يوكون جولد
- 2 ملعقة طعام كريمة الحليب
- 1 ملعقة طعام زيت الزيتون
- نصف ملعقة صغيرة ملح
- 2 أوقية تراوت مدخن ، منزوع الجلد
- 1 فلفل أحمر محمص ، مقطّع إلى شرائح بحجم 2 بوصة بمقدار 1/8 بوصة

الاتجاهات:

a) سخن الفرن إلى 350

b) تقليم السيقان ، مقطعة إلى نصفين بالطول ، وإزالة اللب وترك أكواب من الأوراق الخضراء الداكنة.

c) تنبت الكؤوس بالبخار لمدة 6 دقائق أو حتى تصبح طرية عند ثقبها بسكين حاد ولا تزال خضراء زاهية.

d) صفيها بالمقلوب على مناديل ورقية. تُطهى البطاطس حتى تنضج ، ويُصفى ، ويُصفى ، ويُضاف الحليب ، وزيت الزيتون والملح.

e) فوز حتى تصبح ناعمة. قم بطي التراوت برفق. + ¼> ملعقة في قشر وتوضع شرائح الفلفل فوقها.

30 . أكواب الهندباء

مكونات:

- 1 بيضة كبيرة مسلوقة مقشرة
- 2 ملاعق كبيرة تونة معلبة في زيت زيتون ، مصفاة
- 2 ملاعق كبيرة من لب الأفوكادو
- 1 ملعقة صغيرة عصير ليمون طازج
- 1 ملعقة كبيرة مايونيز
- 1/8 ملعقة صغيرة ملح بحر
- 1/8 ملعقة صغيرة فلفل اسود
- 4 أوراق هندباء بلجيكية مغسولة ومجففة

الاتجاهات:

a) في محضر طعام صغير ، اخلطي جميع المكونات ماعدا الهندباء حتى تمتزج جيدًا.

b) ضع ملعقة كبيرة من خليط التونة على كل كوب من الهندباء.

31 . أكواب تاكو

مكونات:

- مسحوق هيلي ، كمون ، بابريكا
- ملح ، فلفل أسود
- 1/4 ملعقة صغيرة اوريجانو مجفف
- 1/4 ملعقة صغيرة فلفل أحمر مطحون
- 1/4 ملعقة صغيرة ثوم حبيبي
- 1/4 ملعقة صغيرة بصل حب
- 1 باوند 75٪ لحم بقري مفروم قليل الدهن
- 8 (1 أونصة) شرائح جبنة شيدر حادة
- 1/2 كوب صلصة خالية من السكر
- 1/4 كوب كزبرة مفرومة
- 3 ملاعق كبيرة من صلصة فرانك الحمراء الحارة

الاتجاهات:

a) يسخن الفرن إلى 375 درجة فهرنهايت. ضعي ورق الزبدة على صينية الخبز.

b) تُمزج التوابل في وعاء صغير ويُحرّك المزيج. يُطهى اللحم المفروم في مقلاة متوسطة على نار متوسطة إلى عالية. عندما يقترب اللحم من النضج ، أضيفي خليط التوابل وقلبي حتى يتغطى تمامًا. يرفع عن النار ويوضع جانبا.

c) رتبي شرائح جبن الشيدر على صينية خبز مبطنة. تُخبز في فرن مُسخن لمدة 5 دقائق أو حتى يتحول لونها إلى البني. اتركه ليبرد لمدة 3 دقائق ثم قشر من صفيحة الخبز وانقل كل شريحة إلى بئر قالب المافن لتشكيل كوب. تركه يبرد.

d) ضعي كميات متساوية من اللحم في كل كوب وضعي فوقه ملعقة كبيرة من الصلصة. يرش الكزبرة والصلصة الحارة على الوجه.

32 . أكواب لحم الخنزير الشيدر

مكونات:

- 2 كوب طحين لجميع الاستخدامات
- نصف كوب سكر
- 2 ملاعق صغيرة مسحوق الخبز
- 1 ملعقة صغيرة ملح
- نصف ملعقة صغيرة الفلفل
- 6 بيضات
- 1 كوب لبن
- ½ جنيه لحم الخنزير المطبوخ بالكامل ؛ مكعب
- ½ رطل من جبن الشيدر ؛ مكعبات أو ممزقة
- ½ جنيه شرائح لحم الخنزير المقدد ؛ مطبوخة ومتفتتة
- 1 صغير بصلة؛ مفرومة. فرما ناعما

الاتجاهات:

a) في وعاء ، يُمزج الدقيق والسكر والبيكنج باودر والملح والفلفل. يخفق البيض والحليب يقلب مع المكونات الجافة حتى تمتزج جيدا. يُضاف لحم الخنزير والجبن ولحم الخنزير المقدد والبصل.

b) ملء ثلاثة أرباع أكواب الكعك مدهون جيدا.

c) اخبزيها على حرارة 350 درجة لمدة 45 دقيقة . تبرد لمدة 10 دقائق قبل إزالتها إلى رف سلكي.

33 . جمبري كوكتيل بارتي

مكونات:

- 1 حفنة من البصل الأخضر / الكراث
- ½ بقدونس كبير
- 2 علبة الفلفل الحلو
- 2 حبة كبيرة ثوم
- 3 أجزاء من زيت السلطة إلى جزء واحد
- خل أبيض
- ملح
- الفلفل
- خردل جاف
- فلفل أحمر
- 5 جنيهات مسلوقة مقشرة نظيفة
- جمبري أو مجمّد مجمد

الاتجاهات:

a) تقطع الخضار جيدًا في محضر الطعام أو الخلاط. أضف إلى خليط الزيت / الخل. اخلط جيدا. تتبل حسب الذوق مع التوابل الأخرى.

b) يُسكب المزيج فوق الجمبري ويُقلب عدة مرات. برد لمدة 24 ساعة على الأقل ، مع الخلط بين الحين والآخر. صفي السائل للتقديم. تقدم مع المسواك.

34 . كباب كوكتيل

مكونات:

- 8 قطع كبيرة روبيان مطبوخ
- 2 بصل أخضر مقشور
- فلفل أحمر ، منزوع البذور ، مقطع إلى شرائح رفيعة
- 8 حبات زيتون أخضر أو ناضج
- 1 ب فص ثوم مهروس
- 2 ملعقة طعام عصير ليمون
- 2 ملعقة طعام زيت الزيتون
- 1 ملعقة صغيرة سكر
- 1 ملعقة صغيرة خردل مطحون بشكل خشن
- نصف ملعقة صغيرة فجل مدهون

الاتجاهات:

a) قم بإزالة الرؤوس وقشور الجسم من الجمبري واتركه على قشرة الذيل.

b) روبيان ديفين عن طريق إزالة النخاع الشوكي الأسود. قطّع كل بصلة خضراء إلى أربع أزهار. ضعي الجمبري والبصل الأخضر والفلفل والزيتون في وعاء.

c) اخلطي الثوم وعصير الليمون وزيت الزيتون والسكر والخردل والفجل.

d) يُسكب المزيج فوق مزيج الروبيان ، ويُغطى ويُتبل لمدة ساعتين على الأقل ، مع التحريك من حين لآخر. تُرفع المكونات من التتبيلة وتُخيط بالتساوي في 8 قطع خشبية. صفي مناديل ورقية.

35 . كوكتيل ماء الكستناء

مكونات:

- علبة 8 أونصة من كستناء الماء
- احتفظ بنصف كوب من السائل
- نصف كوب خل
- 12 شريحة لحم مقدد ، نصفين
- نصف كوب سكر بني
- نصف كوب كاتسوب

الاتجاهات:

a) انقع الكستناء في سائل وخل لمدة ساعة. بالُوعَة.

b) اخلطي السكر البني والقطط. ثم ينتشر على لحم الخنزير المقدد. لف الكستناء في لحم مقدد. اربط مع المسواك.

c) اشوي حتى يصبح لحم الخنزير المقدد هشًا.

36 . وينرز كوكتيل

مكونات:

- نصف كوب خردل محضر
- 1 كوب جيلي الكشمش
- 1 باوند (8-10) فرانكفورترز وينرز

الاتجاهات:

a) اخلطي جيلي الكشمش والخردل في طبق الغليان أو الغلاية المزدوجة.

b) قطعي النقانق قطريًا إلى قطع صغيرة الحجم. أضف إلى الصلصة وسخنها.

37 . مقبلات كوكتيل الجاودار

مكونات:

- 1 كوب مايونيز
- 1 كوب جبن شيدر مبشور
- نصف كوب جبنة البارميزان
- 1 كوب بصل أخضر مقطّع إلى شرائح
- شرائح خبز كوكتيل الجاودار.

الاتجاهات:

a) يُمزج المايونيز والجبن والبصل. ضعي حوالي 1½. ملعقة. كبيرة. (أو. أكثر). على. كل شريحة خبز.

b) ضعيها على ورقة خبز وضعيها تحت الشواية حتى تغمرها الفقاعات ، وراقبها للتأكد من أنها لا تحترق.

38 . كرات بيكون جالابينو

مكونات:

- 5 شرائح لحم مقدد بدون سكر مضاف ، مطبوخ ومحفوظ بالدهون
- 1/4 كوب بالإضافة إلى ملعقتين كبيرتين (3 أونصات) من الجبن الكريمي
- 2 ملاعق كبيرة دهن لحم مقدد محجوز
- 1 ملعقة صغيرة فلفل هالابينو مفروم ناعماً
- 1 ملعقة كبيرة كزبرة مفرومة ناعماً

الاتجاهات:

1. على لوح التقطيع ، يُقطع لحم الخنزير المقدد إلى فتات صغيرة.

2. في وعاء صغير ، يُمزج الجبن الكريمي ودهن لحم الخنزير المقدد والهلابينو والكزبرة ؛ تخلط جيدا بالشوكة.

3. شكلي الخليط على شكل 6 كرات.

4. ضع فتات لحم الخنزير المقدد على طبق متوسط الحجم ولف الكرات الفردية لتغطى بالتساوي.

5. قدميها على الفور أو ضعيها في الثلاجة لمدة تصل إلى 3 أيام.

39 . كرات الأفوكادو بروسيوتو

مكونات:

- 1/2 كوب مكسرات مكاديميا
- نصف حبة أفوكادو كبيرة مقشرة ومنزوعة (حوالي 4 أونصات من اللب)
- 1 أوقية بروسيوتو مطبوخ ، مفتت
- 1/4 ملعقة صغيرة فلفل أسود

الاتجاهات:

A) في محضر طعام صغير ، اخفق مكسرات المكاديميا حتى تنهار بشكل متساوٍ. اقسم إلى نصفين.

B) في وعاء صغير ، يُمزج الأفوكادو مع نصف حبات المكاديميا وفتات بروسسيوتو والفلفل ويخلط جيدًا بالشوكة.

C) شكلي الخليط على شكل 6 كرات.

D) ضعي ما تبقى من حبات المكاديميا المفتتة على طبق متوسط ولفي الكرات المنفردة لتغطي بالتساوي.

E) قدميها على الفور.

40 . كرات الشواء

مكونات:

- 4أونصات (12 كوب) جبنة كريمية
- 4 ملاعق كبيرة دهن مقدد
- 1/2 ملعقة صغيرة نكهة دخان
- 2 قطرات من الستيفيا جلسريت
- 1/8 ملعقة صغيرة خل التفاح
- 1 ملعقة طعام من مسحوق الفلفل الحار المدخن الحلو

الاتجاهات:

A) في محضر طعام صغير ، قم بمعالجة جميع المكونات ما عدا مسحوق الفلفل الحار حتى تشكل قشدة ناعمة ، حوالي 30 ثانية.

B) يُكشط المزيج ويُنقل إلى وعاء صغير ، ثم يُبرّد لمدة ساعتين.

C) تشكل إلى 6 كرات بمساعدة ملعقة.

D) رش الكرات بمسحوق الفلفل الحار ، ولفها لتغطي جميع الجوانب.

E) قدميها على الفور أو ضعيها في الثلاجة لمدة تصل إلى 3 أيام.

41 . كرات فطيرة القيقب بيكون

مكونات:

- 5 شرائح لحم مقدد بدون سكر ، مطبوخ
- 4 أونصات (12 كوب) جبنة كريمية
- 1/2 ملعقة صغيرة نكهة القيقب
- 1/4 ملعقة صغيرة ملح
- 3 ملاعق كبيرة جوز أمريكي مطحون

الاتجاهات:

A) على لوح التقطيع ، يُقطع لحم الخنزير المقدد إلى فتات صغيرة.

B) في وعاء صغير ، يُمزج الجبن الكريمي وفتات لحم الخنزير المقدد مع نكهة القيقب والملح ؛ تخلط جيدا بالشوكة.

C) شكلي الخليط على شكل 6 كرات.

D) ضعي جوز البقان المسحوق على طبق متوسط ولفي الكرات المنفردة لتغطي بالتساوي.

E) قدميها على الفور أو ضعيها في الثلاجة لمدة تصل إلى 3 أيام.

42 . كرات Sunbutter

مكونات:

- 6 ملاعق كبيرة جبن مسكربون
- 3 ملاعق كبيرة زبدة بذور عباد الشمس خالية من السكر
- 6 ملاعق كبيرة زيت جوز الهند ، طري
- 3 ملاعق كبيرة من رقائق جوز الهند المبشورة غير المحلاة

الاتجاهات:

A) في وعاء متوسط ، اخلطي جبنة الماسكاربوني وزبدة بذور عباد الشمس وزيت جوز الهند حتى تتكون عجينة ناعمة.

B) شكلي العجينة على شكل كرات بحجم حبة الجوز. إذا كان الخليط لزجًا جدًا ، ضعه في الثلاجة لمدة 15 دقيقة قبل تشكيل الكرات.

C) انشر رقائق جوز الهند على طبق متوسط الحجم ولف كرات منفردة لتغطيها بالتساوي.

43 . لدغات البصل البرازيلي

مكونات:

- 1 صغير بصل 1/4 بالطول
- 6 ملاعق كبيرة مايونيز
- ملح وفلفل
- 6 شرائح خبز - تمت إزالة القشور
- 3 ملاعق كبيرة جبن بارميزان - مبشور

الاتجاهات:

a) سخني الفرن إلى 350 درجة. اخلطي البصل مع 5 ملاعق كبيرة من المايونيز والملح والفلفل حسب الرغبة. اجلس جانبا. تُدهن 3 شرائح من الخبز على جانب واحد مع ما تبقى من المايونيز . قطع هذه إلى أرباع.

b) قطعي شرائح الخبز الثلاث المتبقية إلى أرباع ووزعي كل مربع بالتساوي مع خليط البصل. ضعي مربعات الخبز المحجوزة في الأعلى ، وجانب المايونيز لأعلى. ضعيها على صفيحة خبز ورشيها بجبنة البارميزان على السطح.

c) اخبزيها حتى تصبح ذهبية اللون قليلاً ومنتفخة قليلاً ، حوالي 15 دقيقة. قدميها على الفور.

44. كرات بيتزا

مكونات:

- 1/4 كوب (2 أونصة) جبن موزاريلا طازج
- 2 أونصة (1/4 كوب) جبن كريمي
- 1 ملعقة طعام زيت زيتون
- 1 ملعقة صغيرة معجون طماطم
- 6 حبات زيتون كالاماتا كبير ، منزوع النوى
- 12 ورقة. ريحان طازجة

الاتجاهات:

A) في محضر طعام صغير ، قم بمعالجة جميع المكونات ماعدا الريحان حتى تشكل قشدة ناعمة ، حوالي 30 ثانية.

B) شكلي الخليط على شكل 6 كرات بمساعدة ملعقة.

C) ضع ورقة ريحان واحدة أعلى وأسفل كل كرة وثبتها بعود أسنان.

D) قدميها على الفور أو ضعيها في الثلاجة لمدة تصل إلى 3 أيام.

45 . كرات الزيتون والفيتا

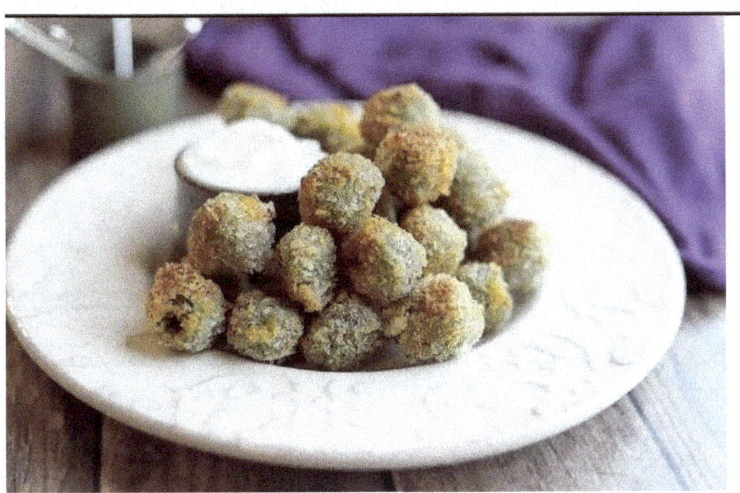

مكونات:

- 2 أونصة (1/4 كوب) جبن كريمي
- 1/4 كوب (2 أونصة) جبنة فيتا
- 12 حبة زيتون كالاماتا كبيرة ، منزوعة النوى
- 1/8 ملعقة صغيرة زعتر طازج مفروم ناعم
- 1/8 ملعقة صغيرة من قشر الليمون الطازج

الاتجاهات:

a) في محضر طعام صغير ، قم بمعالجة جميع المكونات حتى تشكل عجينة خشنة ، حوالي 30 ثانية.

b) يُكشط المزيج ويُنقل إلى وعاء صغير ، ثم يُبرّد لمدة ساعتين.

c) تشكل إلى 6 كرات بمساعدة ملعقة.

d) قدميها على الفور أو ضعيها في الثلاجة لمدة تصل إلى 3 أيام.

46 . كرات البندق بري

مكونات:

- 1/2 كوب (4 أونصات). بري
- 1/4 كوب بندق محمص
- 1/8 ملعقة صغيرة زعتر طازج مفروم ناعم

الاتجاهات:

a) في محضر طعام صغير ، قم بمعالجة جميع المكونات حتى تشكل عجينة خشنة ، حوالي 30 ثانية.

b) يُخلط المزيج ويُنقل إلى وعاء صغير ويُترك في الثلاجة لمدة ساعتين.

c) تشكل إلى 6 كرات بمساعدة ملعقة.

d) قدميها على الفور أو ضعيها في الثلاجة لمدة تصل إلى 3 أيام.

47 . كرات التونة بالكاري

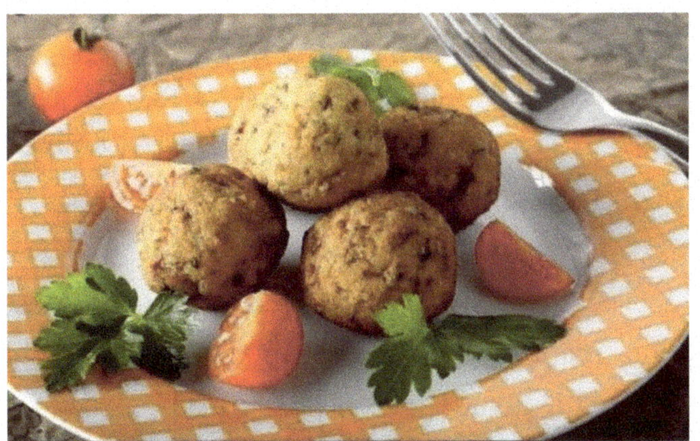

مكونات:

- 1/4 كوب بالإضافة إلى ملعقتين كبيرتين (3 أونصات) تونة بالزيت ، مصفاة
- 2 أونصة (1/4 كوب) جبن كريمي
- 1/4 ملعقة صغيرة مسحوق كاري مقسم
- 2 ملاعق طعام من المكاديميا المفتتة

الاتجاهات:

a) في محضر طعام صغير ، اخلطي التونة والجبن الكريمي ونصف مسحوق الكاري حتى تتكون قشدة ناعمة ، حوالي 30 ثانية.

b) شكلي الخليط على شكل 6 كرات.

c) ضعي مكسرات المكاديميا المفتتة ومسحوق الكاري المتبقي على طبق متوسط الحجم ولفي الكرات المنفردة لتغطي بالتساوي.

48 . قنابل لحم الخنزير

مكونات:

- 8 شرائح لحم مقدد بدون سكر مضاف
- 8 أونصات من براونشفايجر في درجة حرارة الغرفة
- 1/4 كوب فستق مفروم
- 6 أونصات (3/4 كوب) جبنة كريمية ، طرية إلى درجة حرارة الغرفة
- 1 ملعقة صغيرة خردل ديجون

الاتجاهات:

a) يُطهى لحم الخنزير المقدد في مقلاة متوسطة على نار متوسطة حتى ينضج ، 5 دقائق لكل جانب. صفيها على مناديل ورقية. واتركها تبرد. بمجرد أن يبرد ، تنهار إلى قطع صغيرة الحجم من لحم الخنزير المقدد.

b) ضعي براونشفايجر. مع الفستق في محضر طعام صغير واخلطيهم حتى يتجانسوا.

c) في وعاء خلط صغير ، استخدم الخلاط اليدوي لخفق الجبن الكريمي وخردل ديجون حتى يمتزجوا ورقيقًا.

d) يقسم خليط اللحم إلى 12 حصة متساوية. تُلف على شكل كرات وتُغطى بطبقة رقيقة من خليط الجبن الكريمي.

e) يبرد لمدة ساعة على الأقل. عندما تصبح جاهزًا للتقديم ، ضعي قطع لحم الخنزير المقدد على طبق متوسط ، ولفي الكرات لتغطيها بالتساوي ، واستمتع بها.

f) يمكن تبريد القنابل الدهنية في حاوية محكمة الإغلاق لمدة تصل إلى 4 أيام.

49 . كرات الكراميل والبري المملح

مكونات:

- 1/2 كوب (4 أونصات). بري مفروم تقريبًا
- 1/4 كوب مكاديميا مملحة
- 1/2 ملعقة صغيرة نكهة كراميل

الاتجاهات:

a) في محضر طعام صغير ، قم بمعالجة جميع المكونات حتى تشكل عجينة خشنة ، حوالي 30 ثانية.
b) شكلي الخليط على شكل 6 كرات بمساعدة ملعقة.
c) قدميها على الفور أو ضعيها في الثلاجة لمدة تصل إلى 3 أيام.

50 . كرات لحم حفلة كوكتيل

مكونات:

- نصف كوب جبن قريش خالي من الدسم
- 2 بياض بيض
- 2 ملاعق صغيرة صلصة رسيستيرشاير
- نصف كوب بالإضافة إلى 2 ملاعق طعام من فتات الخبز العادي
- 8 أونصات من صدور الديك الرومي المطحونة
- 6 أونصات من النقانق التركية ؛ إزالتها من الأغلفة
- 2 ملعقة طعام بصل مفروم
- 2 ملعقة طعام فلفل أخضر مفروم
- نصف كوب قطع البقدونس الطازج وأوراق الكرفس

الاتجاهات:

a) رش ورقة بسكويت برذاذ غير لاصق واتركها جانبًا.

b) في وعاء كبير ، اخلطي الجبن ، بياض البيض ، وصلصة ورشيسترشاير ونصف كوب من فتات الخبز. يُضاف صدر الديك الرومي ونقانق الديك الرومي والبصل والفلفل الأخضر.

c) شكلي خليط الدواجن إلى 32 كرة لحم. على ورقة من ورق الشمع ، يُمزج البقدونس وأوراق الكرفس وملعقتان كبيرتان من فتات الخبز. تُلف كرات اللحم في مزيج البقدونس حتى تُغطى بالتساوي.

d) انقل كرات اللحم إلى صفيحة البسكويت المجهزة. اشوي 3 إلى 4 بوصات من الحرارة لمدة 10 إلى 12 دقيقة .

51 . كرات جبن كوكتيل

مكونات:

- 8 أونصات جبنة طرية
- نصف كوب زبادي سادة خالي الدسم
- 4 أونصات مبشورة جبنة الشيدر
- 4 أونصات جبن سويسري قليل الدسم مبشور
- 2 ملاعق صغيرة بصل مبشور
- 2 ملاعق صغيرة الفجل المحضر
- 1 ملعقة صغيرة خردل ديجون على الطراز الريفي
- كوب بقدونس مفروم طازج

الاتجاهات:

a) يُمزج الجبن والزبادي في وعاء خلط كبير ؛ يخفق بسرعة متوسطة للخلاط الكهربائي حتى يصبح ناعما. أضف جبنة الشيدر والمكونات الأربعة التالية ؛ يقلب جيدا. يغطى ويبرد لمدة ساعة على الأقل.

b) شكل كرة من خليط الجبن ورشيها بالبقدونس. ضعي البقدونس برفق في كرة الجبن. لف كرة الجبن في غلاف بلاستيكي شديد التحمل وبردها. تقدم مع البسكويت المتنوع غير المملح.

52. Crudites مع المذاق

مكونات:

- 2 ملاعق صغيرة زيت الزيتون
- 1 كوب بصل مفروم ناعم
- 1 ملعقة طعام الثوم المفروم
- 1 كوب طماطم مهروسة معلبة
- 1 ملعقة صغيرة عصير ليمون طازج
- نصف كوب طماطم مجففة بالشمس
- نصف كوب زيتون أخضر منزوع النواة (حوالي 10)
- نصف كوب (معبأة) أوراق الريحان الطازجة
- 4 قلوب خرشوف معلبة مجففة
- 2 ملاعق كبيرة بقدونس مفروم طازج
- 2 ملاعق كبيرة صنوبر محمص
- خضروات متنوعة

الاتجاهات:

a) يُسخن الزيت في درجة حرارة متوسطة غير لاصقة: مقلاة على نار متوسطة. يُضاف البصل ويُقلى حتى يلين ، حوالي 3 دقائق. أضف الثوم اقلي 30 ثانية. أضيفي الطماطم المعلبة وعصير الليمون. إحضار ينضج. ازالة من الحرارة.

b) امزج الطماطم المجففة بالشمس والمكونات الخمسة التالية في المعالج. باستخدام تشغيل / إيقاف تشغيل ، قم بالمعالجة حتى يتم تقطيع الخضار جيدًا. نقل إلى وعاء متوسط. يضاف خليط الطماطم. يتبل بالملح والفلفل.

53 . كروديتس الأخضر والأبيض

مكونات:

54. نصف كوب الزبادي العادي
55. نصف كوب الكريمة الحامضة
56. نصف كوب مايونيز
57. 1½ ملعقة صغيرة خل النبيذ الأبيض؛ أو حسب الذوق
58. 1½ ملعقة صغيرة خردل خشن
59. 1 حبة كبيرة القرنفل والثوم؛ مفروم ومهروس
60. 1 ملعقة صغيرة اليانسون. سحقت
61. 2 ملاعق صغيرة مشروب مسكر؛ أو حسب الذوق
62. 1½ ملعقة كبيرة أوراق الطرخون المفرومة
63. 12 كوب كروديتيس متنوعة

الاتجاهات:

a) في وعاء ، اخفقي جميع المكونات معًا باستثناء الأعشاب والملح والفلفل حسب الرغبة. غمس في البرد ، مغطى ، لمدة 4 ساعات على الأقل وحتى 4 أيام. قبل التقديم مباشرة ، أضيفي الطرخون والشرفيل.

b) رتبي الخبز المحمص بشكل زخرفي على طبق التقديم المتدرج أو في سلة كبيرة وقدميه مع الغمس.

54. الكحلبي كروديت

مكونات:

- نصف كوب صلصة الصويا؛ ضوء
- نصف كوب خل الأرز
- 1 ملعقة صغيرة حبوب السمسم؛ محمص
- 1 ملعقة طعام البصل الأخضر؛ مفروم
- 4 أكواب شرائح الكحلبي مقطعة إلى قطع

الاتجاهات:

a) يُمزج صلصة الصويا والخل وبذور السمسم والبصل الأخضر.

b) قدميها في وعاء محاط بقطع الكحلبي. توفير معول للأكل.

55. Remoulade مع الخضار كروديت

مكونات:

- نصف كوب الكريول أو الخردل البني
- نصف كوب زيت السلطة
- نصف كوب كاتسوب
- نصف كوب خل التفاح
- نصف ملعقة صغيرة صلصة تاباسكو
- 2 ملعقة طعام كرفس مفروم ناعم
- 2 ملعقة طعام بصل مفروم ناعم
- 2 ملعقة طعام فلفل أخضر مفروم ناعم
- طماطم كرزية
- شرائح الفطر
- شرائح الخيار
- شرائح الكرفس
- شرائح جزر

الاتجاهات:

a) يُمزج الخردل والزيت والقطط والخل وتاباسكو والخضروات المفرومة ؛ تغطية والبرد.

b) قدميها مع الخضار الكاملة والمقطعة.

56 . كروديت الهيكل العظمي

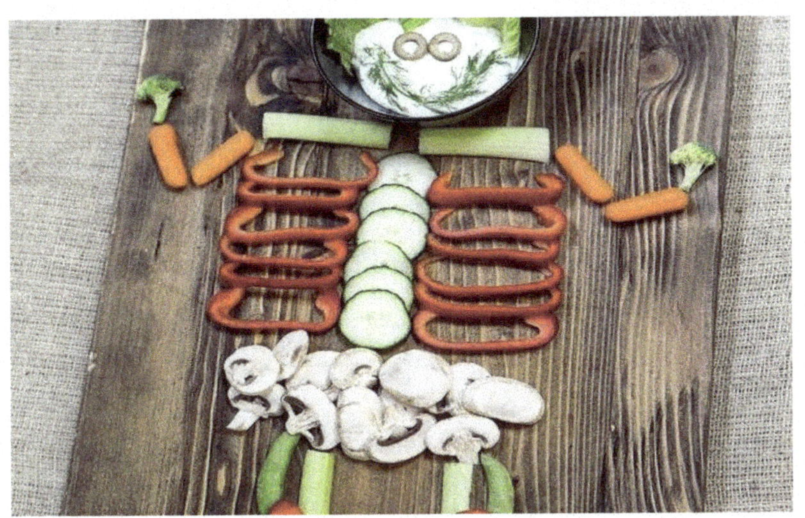

مكونات:

- 3 أكواب اللبن قليل الدسم
- 1 كوب مايو
- نصف كوب مربى الخوخ
- 1 ملعقة صغيرة عصير برتقال
- نصف ملعقة صغيرة مسحوق الكاري
- نصف ملعقة صغيرة الفلفل.

مكونات الهيكل العظمي

- 1 كوسة مقطعة نصفين بالطول
- 1 كوسة صفراء مقطعة إلى نصفين
- 6 ضلوع من الكرفس ، مقطعة إلى نصفين طوليين e
- 1 خيار مقطع إلى شرائح
- 1 جزرة مقطعة إلى أعواد
- 10 اصابع جزر صغير
- 1 فلفل أحمر مقطع إلى شرائح بسمك 2 بوصة
- 1 فلفل أصفر مقطع إلى شرائح بسمك 2 بوصة
- 2 زهيرات بروكلي / 2 زهيرات قرنبيط
- 10 بازلاء ثلجية / 2 طماطم كرزية
- 2 فطر. / 1 فجل
- 4 فاصوليا خضراء / 2 فاصوليا صفراء

الاتجاهات:

a) قلبي 3 أكواب من الزبادي قليل الدسم ، 1 كوب مايونيز ، ربع كوب من مربى الخوخ ، 1 ملعقة كبيرة عصير برتقال ، نصف ملعقة صغيرة من مسحوق الكاري ونصف ملعقة صغيرة من الفلفل في وعاء بحجم الجمجمة أو رأس خس. برد.

b) تجميع الهيكل العظمي

57 . كروديت شتوي حار

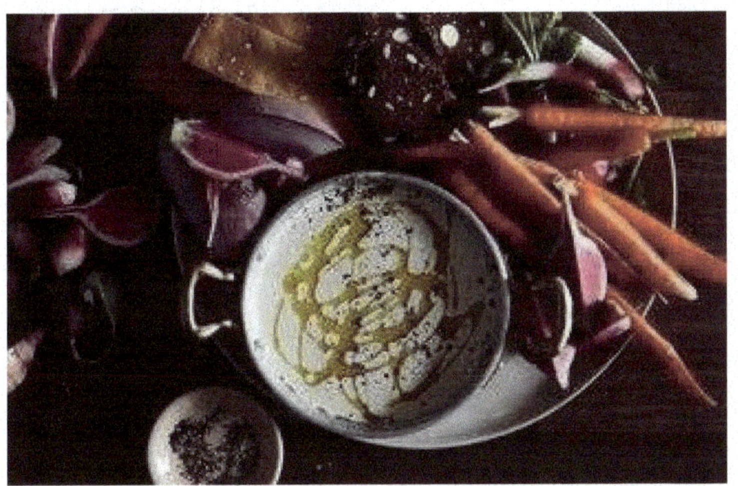

مكونات:

- 1 بصلة حمراء مقشر شرائح
- 1 فلفل أخضر المصنف والمقطع
- 1 فلفل أحمر أو أصفر المصنف والمقطع
- 1 لفت مقشر ورقيق
- 2 كوب زهور القرنبيط
- 2 كوب زهور البروكلي
- 1 كوب جزر صغير. قلص
- نصف كوب من الفجل المقطّع إلى شرائح رقيقة
- 2 ملاعق كبيرة ملح
- 1½ كوب زيت زيتون
- 1 بصلة صفراء مقشر وناعم. مقطع
- ⅛ ملعقة صغيرة من خيوط الزعفران
- رشة كركم ، كمون مطحون ، فلفل أسود ، بابريكا ، حريف ، ملح

الاتجاهات:

a) ضعي الخضار المحضرة في وعاء كبير ورشيها بملعقتين كبيرتين من الملح وأضيفي الماء البارد.

b) في اليوم التالي ، جفف الخضار واشطفها. تحضير التتبيلة عن طريق غلي البصل والبهارات والملح في زيت الزيتون لمدة 10 دقائق.

c) انشر الخضار في طبق مقاس 9 × 13 بوصة. اسكب التتبيلة الساخنة عليها.

d) انقله إلى وعاء مزخرف للتقديم ، سواء كان باردًا أو في درجة حرارة الغرفة.

58. طبق كروديت ثلاثي الألوان

مكونات:

- نصف كوب بالإضافة إلى 1 طن من خل النبيذ الأحمر
- 3 ملاعق كبيرة مستردة الديجون
- نصف كوب بالإضافة إلى 2 طن زيت زيتون
- 2 ملعقة طعام ريحان طازج مفروم أو
- 2 ملاعق صغيرة الريحان المجفف
- 2 ملعقة طعام الثوم المعمر الطازج المفروم أو
- بصل أخضر
- 1 ملعقة صغيرة إكليل الجبل المفروم الطازج
- 2 خيار كبير مقشر
- 2 ملاعق صغيرة ملح
- 2 حبة بنجر كبير مقشر ومبشور
- 2 جزر كبير مقشر ومبشور
- 2 كوسة كبيرة ، مبشورة
- 1 حزمة فجل ، مقلمة

الاتجاهات:

a) اخفقي الخل وخردل ديجون للمزج في وعاء صغير. خفقت تدريجياً في زيت الزيتون. اخلطي الريحان والثوم المعمر وإكليل الجبل. يتبل بالملح والفلفل.

b) اخلطي الخيار وملعقتين صغيرتين من الملح في وعاء. دعه يقف لمدة ساعة. يُشطف ويُصفى جيدًا. ضع الخيار في وعاء صغير. أضف ما يكفي من الضمادة للتغطية.

c) ضع البنجر والجزر والكوسا في أوعية منفصلة. قلبي كل خضروات بكمية كافية لتغطيتها.

59. كومة الخضار على طبق

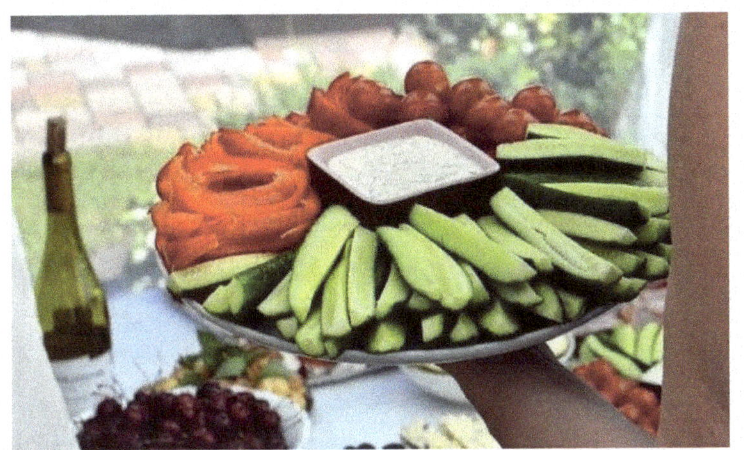

مكونات:

- 1 كوب الذرة المعلبة ، مصفاة
- 1 صغير بصل أخضر مفروم
- 1 فلفل أخضر مفروم
- 1 فص ثوم مفروم
- 1 طماطم طازجة مفرومة
- نصف كوب بقدونس طازج مفروم
- نصف كوب زيت الزيتون البكر الممتاز
- 2 ملاعق كبيرة خل بلسمي
- ملح ، فلفل
- 1 بصل أخضر مقطع

الاتجاهات:

A) اخلطي الذرة مع البصل والفلفل الأخضر والثوم والطماطم. في وعاء أو كوب صغير منفصل ، اخلطي زيت الزيتون والخل.

B) يُسكب فوق الخضار ويُقلب البقدونس ؛ يتبل بالملح والفلفل. زين كل حصة بالبصل الأخضر.

60 . جبن الماعز جواكامولي

تكفي: 4-6

مكونات

- 2 أفوكادو.
- 3 أونصات من جبن الماعز
- نكهة من 2 ليمونة
- عصير ليمون من 2 ليمونة
- نصف ملعقة صغيرة من مسحوق الثوم
- نصف ملعقة صغيرة مسحوق بصل
- نصف ملعقة صغيرة ملح
- ملعقة صغيرة من رقائق الفلفل الأحمر (اختياري)
- نصف ملعقة صغيرة فلفل

الاتجاهات:

a) يُضاف الأفوكادو إلى محضر الطعام ويُمزج حتى يصبح ناعمًا. تضاف بقية المكونات وتخلط حتى تتجانس.

b) قدميها مع رقائق البطاطس.

فروم
ايجر
جبنة كريمية
ملعقة صغيرة فلفل أسود

اتجاهات:

يُقلى البصل 8-10 دقائق مع التحريك المستمر. يرفع عن النار ثم يصفى. انزع الغلاف عن براونشفايجر واخلط اللحم مع جبنة الكريمة حتى تصبح ناعمة. اخلطي البصل والفلفل.

b) يُقدم ككبد مدهون على البسكويت أو شرائح الجاودار المقطعة إلى شرائح رفيعة أو يقدم كغموس مصحوبًا بمجموعة متنوعة من الخضار النيئة الطازجة مثل الجزر والكرفس والبروكلي والفجل والقرنبيط أو الطماطم الكرزية.

الحزب البافاري

61. تراجع / انتشار الحزب البافاري

المحصول: 1 1/4 باوند

مكونات:

- نصف كوب بصل مفروم
- 1 جنيه براونشفايجر
- 3 أونصات جبنة كريمية
- نصف ملعقة صغيرة فلفل أسود

الاتجاهات:

a) يُقلى البصل 8-10 دقائق مع التحريك المستمر. يرفع عن النار ثم يصفى. انزع الغلاف عن براونشفايجر واخلط اللحم مع جبنة الكريمة حتى تصبح ناعمة. اخلطي البصل والفلفل.

b) يُقدم ككبد مدهون على البسكويت أو شرائح الجاودار المقطعة إلى شرائح رفيعة أو يقدم كغموس مصحوبًا بمجموعة متنوعة من الخضار النيئة الطازجة مثل الجزر والكرفس والبروكلي والفجل والقرنبيط أو الطماطم الكرزية.

62 . حفلة الخرشوف المخبوزة

مكونات:

- 1 رغيف كبير من خبز الجاودار الداكن
- 2 ملاعق كبيرة زبدة
- 1 حزمة بصل أخضر مقطع
- 6 فصوص ثوم طازج مفروم ناعماً ، حتى 8
- 8 أونصات جبن كريمي في درجة حرارة الغرفة.
- 16 أوقية الكريمة الحامضة
- 12 أوقية جبنة شيدر
- 1 علبة (14 أونصة) قلوب الخرشوف ؛ مصفاة ومقطعة إلى أرباع (ماء معبأ غير متبل)

الاتجاهات:

a) قطع حفرة في الجزء العلوي من رغيف الخبز بقطر حوالي 5 بوصات. يُرفع الخبز الطري من الجزء المقطّع ويُرمى. احتفظ بالقشرة لصنع سطح للرغيف.

b) استخرج معظم الجزء الداخلي الطري من الرغيف واحتفظ به لأغراض أخرى ، مثل الحشو أو فتات الخبز المجفف. في الزبدة

c) يُقلى البصل الأخضر والثوم حتى يذبل البصل. نقطع الجبنة الكريمية إلى قطع صغيرة ، نضيف البصل والثوم والقشدة الحامضة وجبن الشيدر. اخلط جيدا. نطوى في قلوب الخرشوف ، ونخرج كل هذا الخليط إلى خبز مجوف. ضعيها على الخبز ولفيها بورق ألومنيوم شديد التحمل . تخبز في فرن 350 درجة لمدة 1 ساعة.

d) عندما تصبح جاهزًا ، أزل ورق القصدير وقدميه باستخدام خبز كوكتيل الجاودار لغمس الصلصة.

63. ومقبلات الفيتا

المكونات

- 20 شريحة خبز أبيض رقيق
- 4 أونصات جبنة زرقاء
- 8 أونصات جبنة كريمية
- 1 بيضة
- 20 سبيرز معلب من الهليون
- ربع كوب زبدة مذابة

الاتجاهات:

a) تقليم القشـور من الخـبز وتسـويتها بواسـطة شـوبك. اخلطي الجبن والـبيض للحصـول على قـوام عملي ووزعيـه بالتسـاوي على كـل شريحة خـبز. ضـع حربـة الهليون على كل شريحة ولفها. تغمس في الزبدة المذابة لتغلف جيدا. ضعها على ورقة البسكويت وقم بتجميدها.

b) عندما يتم تجميدها بشـدة ، قطعيها إلى قطع صـغيرة الحجم. (في حالـة التجميد لتاريخ مستقبلي ، ضع قطعًا بحجم اللدغة في كيس المجمد - لا تذوب التجميد للطهي) ضعها على ورقة البسكويت واخبزها على درجة 400 فهرنهايت لمدة 20 دقيقة.

64 . مقبلات المأكولات البحرية المشوية

المكونات

- 1 كوب المأكولات البحرية المطبوخة ، مقشرة
- 6 شرائح خبز ابيض
- نصف كوب سمنة
- نصف كوب شيدر أو 1/3 كوب كاتشب أو صوص حار
- جبن أمريكي مبشور

الاتجاهات:

a) نخب الخبز على جانب واحد تقليم القشور وقطع الخبز إلى نصفين.

b) الزبدة غير المحمصة تُغطى بطبقة من المأكولات البحرية ، ثم الكاتشب وتُغطى بالجبن. ضع المقبلات على ورقة خبز تحت الشواية.

c) اشويها حتى تذوب الجبن وتسخن المقبلات .

d) يصنع 12 مقبلات .

65 . مقبلات ومقبلات الكافيار

المكونات

- قطع الخبز إلى أشكال ملباس
- انتشار سلطة البيض
- دهن الكافيار والبصل المفروم والليمون
- عصير
- جمبري صغير واحد كمقبلات.
- حلقة واحدة من البصل المقطّع الخام الخفيف

الاتجاهات:

a) تغمس شريحة من الخيار في الصلصة الفرنسية وتوضع داخل حلقة البصل
b) غطي الخيار بكمية صغيرة من الكافيار المتبل عصير الليمون والبصل
c) زينيها بالكبر أو الثوم المعمر أو البيض المطبوخ جيدًا المقطر.

66 . مقبلات Fromage-chevre

المكونات

- 10 حبات بطاطس حمراء صغيرة (3/4 رطل)
- رذاذ طبخ الخضار
- نصف ملعقة صغيرة ملح
- نصف كوب حليب مقشود
- 6 أونصات شيفر (جبن ماعز خفيف)
- 20 ورقة هندباء بلجيكية (3 رؤوس متوسطة)
- 10 حبات عنب أحمر ، مقطعة إلى نصفين
- 1 ملعقة كبيرة كافيار.

الاتجاهات:

a) البطاطس على البخار ، مغطاة ، 13 دقيقة أو حتى تنضج ؛ لتهدأ.

b) غلفي البطاطس بقليل من رذاذ الطبخ وقطعيها إلى نصفين. اقطع وتخلص من شريحة رقيقة من أسفل كل نصف بطاطس حتى يقفوا.

c) نرش أنصاف البطاطس بالملح.

d) يُمزج الحليب والجبن في وعاء ؛ يقلب جيدا.

e) يُسكب المزيج في كيس معجنات مزود برأس نجمة كبيرة ؛ خليط الأنابيب على أنصاف البطاطس وفي أوراق الهندباء. ضع نصف حبة عنب على كل ورقة من أوراق الهندباء. يغطى ويبرد ، إذا رغبت في ذلك.

67 . مقبلات الفطر القلبية

المكونات

- ربع كوب فطر. مقطع
- ربع كوب جبنة مونتيري جاك المبشورة
- ربع كوب مايونيز
- 3 شرائح خبز الجاودار
- 1½ ملعقة صغيرة جبن بارميزان مبشور

الاتجاهات:

a) نحمص خبز الجاودار وقطعه. إلى نصفين.

b) يُغطى كل نصف بخليط الفطر والجبن ويُرش. بجبن البارميزان ويُخبز على حرارة 350 درجة فهرنهايت لمدة 15-20 دقيقة أو حتى يصبح الجبن فقاعات.

68 . مقبلات الروماكي

المكونات

- نصف كوب ماء
- 1 ملعقة صغيرة حساء الدجاج
- 250 جرام كبد الدجاج
- 1 ملعقة طعام شويو
- نصف ملعقة صغيرة مسحوق البصل ، خردل جاف
- نصف ملعقة صغيرة جوزة الطيب
- نصف كوب شيري جاف
- 1 اندفاعة صلصة الفلفل
- 220 جرام كستناء الماء
- 6 بيكون

الاتجاهات:

a) في كسرولة سعة 1 لتر ، يُمزج الماء والمرق والكبد. يُطهى على نار عالية لمدة 4-5 دقائق حتى يختفي اللون الوردي. بالُوعَة.

b) يُطهى لحم الخنزير المقدد على منشفة ورقية. لمدة 5-6 دقائق حتى يصبح هشًا. تنكمش وتترك جانبا.

c) ضعي الكبدة والشويو والبصل والخردل وجوزة الطيب والشيري في معالج الطعام. حتى مزيج سلس. أضف صلصة الفلفل باعتدال. أضيفي كستناء الماء ولحم الخنزير المقدد.

d) انتشر بشكل كثيف على مثلثات الخبز المحمص أو البسكويت. استعد مسبقًا وأعد تسخينها بالترتيب على لوح مبطن بالورق. استخدم طاقة متوسطة عالية لمدة 1-2 دقيقة حتى يتم تسخينها بالكامل.

e) تُزين بشريحة الزيتون أو الفلفل الحلو.

69 . مقبلات موس السلمون

المكونات

- 7 أوقية سمك السلمون الأحمر المعلب ، مصفاة
- 2 أونصة سمك سلمون مدخن ، مقطّع إلى قطع 1 إنش
- ¼ ملعقة صغيرة قشر ليمون مبشور
- 3 ملاعق كبيرة مايونيز خالي من الدسم
- 1 ملعقة كبيرة عصير ليمون طازج
- كوب فلفل أحمر مفروم
- 2 ملاعق كبيرة بصل أخضر مفروم
- 1 ملعقة كبيرة بقدونس مفروم طازج
- 1 حبة فلفل مطحون طازج
- 8 شرائح خبز بومبرنيكل على طريقة الحفلات
- 8 شرائح خبز الجاودار على طريقة الحفلات
- 4 مقرمشات من الجاودار ، مقطعة إلى نصفين
- نصف كوب من براعم البرسيم

الاتجاهات:

a) تخلص من الجلد والعظام من سمك السلمون المعلب ؛ تقشر السلمون بالشوكة.

b) ضع شفرة السكين في وعاء محضر الطعام ؛ أضف السلمون والسلمون المدخن والمكونات الثلاثة التالية. العملية حتى تصبح ناعمة.

c) تصب في وعاء أضيفي الفلفل الحلو والمكونات الثلاثة التالية. يغطى ويبرد. المحصول: 2 دزينة من المقبلات (حجم الحصة: 1 مقبلات).

70 . براعم محشوة المقبلات

المكونات

- 1 علبة المقبلات بالشكل المطلوب
- 1 كوب من براعم الفاصوليا
- كوب بصل مفروم ناعم
- كوب طماطم مفرومة. ناعماً
- ربع كوب كزبرة مفرومة ناعماً
- كوب بطاطس مسلوقة مفرومة ناعماً
- ½ ليمون
- ملح للتذوق
- مسحوق بذور الكمون المطحون حديثًا
- 4 حبات فلفل أخضر مفرومة ناعماً. (من 4 إلى 5)
- 1 كوب فاين بيكانيري سيف ؛ (خياري)
- نصف كوب صلصة تمر هندي
- نصف كوب صلصة خضراء
- زيت للقلي أو الفرن للخبز

الاتجاهات:

a) اقليهم حتى يصبح لونهم بني فاتح. صفيها على منشفة المطبخ. اصنع كل المقبلات واحتفظ بها جانبًا.

b) اخلطي البصل والطماطم والبطاطس ونصف الكزبرة والليمون والملح والفلفل الأخضر معًا. بردها لبعض الوقت.

c) قبل تقديم خليط الحشو في المقبلات ، ضع اندفاعة من الصلصة على القمة. يرش قليل من الملح ومسحوق الكمون (الجيرة). تُزين بسبع وكزبرة متبقية.

71 . قطع التونة والخيار

- 2 (5 أونصات). تونة معبأة في ماء ، مصفاة
- 2 بيضة كبيرة مسلوقة مقشرة ومفرومة
- 1/2 كوب مايونيز _
- 1/2 ملعقة صغيرة ملح
- 1/2 ملعقة صغيرة فلفل أسود
- 2 ملاعق صغيرة جبن الماعز
- 1 خيار متوسط مقطع إلى شرائح

الاتجاهات:

a) ضعي التونة في وعاء متوسط الحجم مع البيض المفروم والمايونيز والملح والفلفل. تُهرس بالشوكة حتى تمتزج.

b) وزعي كمية متساوية من جبن الماعز على كل شريحة من الخيار ووزعي فوقها خليط سلطة التونة.

72 . سلطة بنجر مقبلات

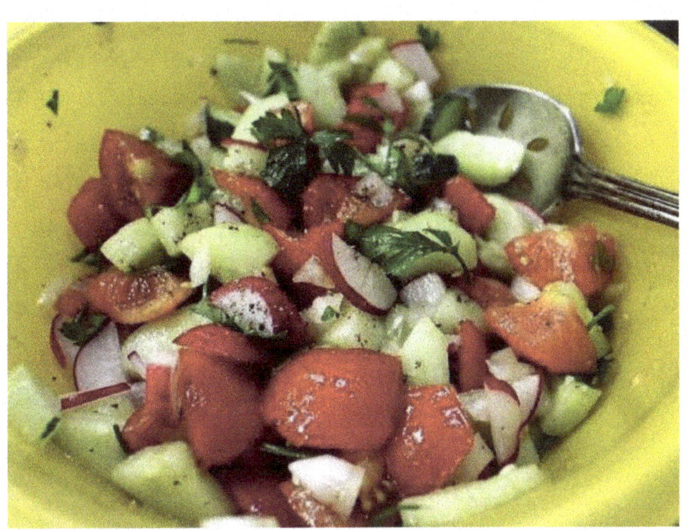

المكونات

- 2 جنيه بنجر
- ملح
- ½ لكل منهما بصل اسباني مقطع مكعبات
- 4 حبات طماطم ، منزوعة القشر ، منزوعة البذور ومقطعة إلى مكعبات
- 2 ملاعق كبيرة خل
- 8 ملاعق كبيرة زيت زيتون
- زيتون أسود
- 2 كل فصوص ثوم مفرومة
- 4 ملاعق كبيرة بقدونس ايطالي مفروم
- 4 ملاعق كبيرة كزبرة مفرومة
- 4 وسط بطاطا مسلوقة
- ملح وفلفل
- فلفل أحمر حار

الاتجاهات:

a) قطع نهايات البنجر. يُغسل جيدًا ويُطهى في الماء المغلي المملح حتى يصبح طريًا. صفيها وأزلها تحت الماء البارد الجاري. حجر النرد.

b) امزج مكونات الصلصة معًا.

c) يُمزج البنجر في وعاء سلطة مع البصل والطماطم والكزبرة والثوم والبقدونس. يُسكب أكثر من نصف الصلصة ، ويُقلب بلطف ويُترك لمدة 30 دقيقة. قطعي البطاطس إلى شرائح وضعيها في وعاء مسطح وقلبي مع الصلصة المتبقية. برد.

d) عندما تكون جاهزًا للتجميع ، رتب البنجر والطماطم والبصل في وسط وعاء ضحل ورتب البطاطس في حلقة حولها. يُزين بالزيتون.

73 . أكواب الهندباء سلطة البيض بالكاري

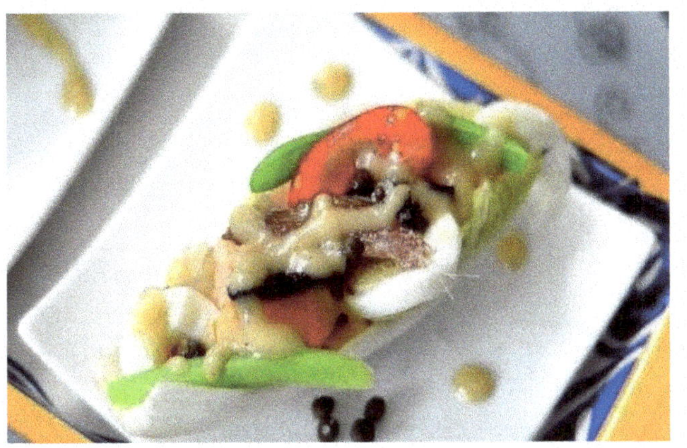

المكونات

- 1 بيضة كبيرة مسلوقة مقشرة
- 1 ملعقة صغيرة مسحوق كاري
- 1 ملعقة طعام زيت جوز الهند
- 1/8 ملعقة صغيرة ملح بحر
- 1/8 ملعقة صغيرة فلفل اسود
- 2 ورقة هندباء بلجيكية ، مغسولة ومجففة

الاتجاهات:

A) في محضر طعام صغير ، اخلطي جميع المكونات ماعدا الهندباء حتى تمتزج جيدًا.

B) ضع ملعقة كبيرة من خليط سلطة البيض على كل كوب من الهندباء.

C) قدميها على الفور.

74. سلطة مقبلات بالجمبري الناسترتيوم

المكونات

- 2 ملاعق صغيرة عصير ليمون طازج
- نصف كوب زيت زيتون
- ملح وفلفل
- 1 كوب روبيان مطبوخ مقطع
- 2 ملاعق كبيرة بصل مفروم
- 1 طماطم صغيرة مكعب
- 1 أفوكادو. مكعب
- أوراق الخس
- 2 ملاعق كبيرة أوراق الكبوسينتي المفرومة
- زهور الكبوسين

الاتجاهات:

a) اخفقي عصير الليمون والزيت معًا. يتبل بالملح والفلفل. نضيف البصل والروبيان ونخلط. دعه يقف لمدة 15 دقيقة.

b) أضـيفي الطمـاطم والأفوكـادو وأوراق الكبوسـينتي المفرومـة. كومـة على أوراق الخس وتحيط بها أزهار الناستوريوم الكاملة الطازجة.

75 . سلطة كوسة مقبلات

المكونات

- نصف كوب عصير ليمون طازج
- نصف كوب زيت السلطة
- 1 حبة كبيرة القرنفل والثوم
- الملح والفلفل حسب الذوق
- 2 قرصات سكر
- 8 كوسة
- أوراق الخس
- 2 وسط حجم الطماطم
- ½ فلفل أخضر صغير مفروم
- 3 ملاعق كبيرة بصل أخضر مفروم ناعما
- 1 ملعقة طعام نبات الكبر
- 1 غصن بقدونس
- 1 ملعقة صغيرة رَيحان
- نصف ملعقة صغيرة مردقوش

الاتجاهات:

a) د- التحضير: اخلطي كل المكونات واتركيها جانباً.

b) السلطة: تُطهى الكوسا الكاملة غير المقشرة في ماء مملح لمدة 5 دقائق دون تغطيتها. اسكب الماء الساخن واشطفه بالماء البارد فورًا لإيقاف عملية الطهي. بالُوعَة. نقطع كل كوسة من المنتصف بالطول.

c) استخرج اللب بعناية . توضع الكوسا ، مقطعة إلى الأعلى في طبق مسطح غير معدني. غطي بنصف الصلصة.

d) غطي بإحكام بورق احباط. ضعه في الثلاجة لينقع لمدة 4 ساعات على الأقل.

76 . مقبلات سلطة الفلفل

المكونات

77. 6 فلفل حلو كبير

بصلة متوسطة مفروم خشن 78.1

79. الملح والفلفل حسب الذوق
80. 3 ملاعق كبيرة خل (أكثر إذا رغبت في ذلك)
81. نصف كوب زيت زيتون
82. مردقوش

الاتجاهات:

a) تُخبز الفلفل في فرن ساخن بدرجة حرارة 450 فهرنهايت لحوالي 20 دقيقة أو حتى تذبل وتنضج. أزل البذور والجلد الخارجي.

b) قطعيها إلى قطع وضعيها في وعاء. يضاف البصل والملح والفلفل. اخلطي الخل وزيت الزيتون وأضيفيهم إلى الفلفل.

c) يرش بالأوريجانو. اضبط التوابل إذا لزم الأمر.

77 . سلطة بارتي أنتيباستو

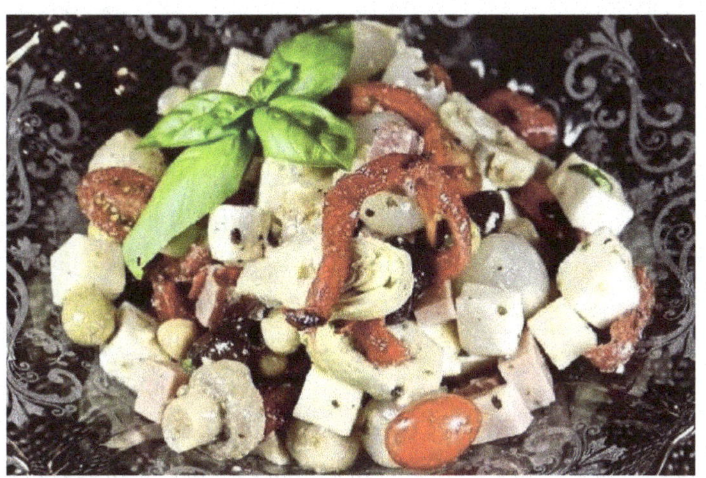

المكونات

- 1 علبة (16 أونصة) قلوب الخرشوف ؛ استنزاف / نصف
- 1 رطل من براعم بروكسل المجمدة
- ¾ جنيه طماطم كرزية
- 1 جرة (5 3/4 أونصة) زيتون إسباني أخضر ؛ استنزاف
- 1 جرة (12 أونصة) من الفلفل الحار ؛ استنزاف
- 1 جنيه فطر طازج منظفة
- 1 علبة (16 أونصة) قلوب من النخيل ؛ خياري
- 1 رطل ببروني أو سلامي ؛ مكعب
- 1 جرة (16 أونصة) زيتون أسود ؛ استنزاف
- نصف كوب خل النبيذ الاحمر
- نصف كوب زيت الزيتون
- نصف ملعقة صغيرة سكر
- 1 ملعقة صغيرة مستردة الديجون
- ملح؛ ليتذوق
- الفلفل الطازج المطحون؛ ليتذوق

الاتجاهات:

a) تُمزج جميع المكونات قبل إضافة صلصة الخل.

b) برد لمدة 24 ساعة.

78. سلطة بينك بارتي

المكونات

- 1 علبة (رقم 2) أناناس مطحون
- 24 كبير حلوى الخطمي
- 1 حزمة جيلو الفراولة
- 1 كوب كريمة خفق
- 2 كوب سم. الجبن الرائب
- نصف كوب المكسرات. مقطع

الاتجاهات:

a) يُسخن عصير الأناناس مع أعشاب من الفصيلة الخبازية والجيلو. رائع.

b) مـزيـج الكريمـة المخفوقـة والأنانـاس والجبن والمكسرات. يضـاف الخليـط الأول ويقلب.

c) البرد بين عشية وضحاها.

79 . سلطة الكاجون سبام بارتي

المكونات

- 8 أونصات باستا على شكل عربة
- 1 علبة قلوب الخرشوف المتبلة (6 أونصة)
- 1 علبة لحم لانشون سبام ، مكعبات (12 أونصة)
- نصف كوب زيت الزيتون
- نصف كوب مزيج توابل الكريول
- 1 ملعقة طعام عصير ليمون
- 1 ملعقة طعام مايونيز أو صلصة سلطة
- 1 ملعقة طعام خل النبيذ الأبيض
- 1 كوب فلفل حلو مقطع إلى مكعبات
- نصف كوب بصل أحمر مقطع
- نصف كوب شرائح زيتون ناضج
- الريحان و الزعتر المجفف
- نصف ملعقة صغيرة خردل جاف
- نصف ملعقة صغيرة أوراق الزعتر المجففة
- 1 فص ثوم مفروم

الاتجاهات:

a) استنزاف الخرشوف ، حفظ ماء مالح ؛ مقطعة إلى أرباع.

b) في وعاء كبير ، اخلطي جميع مكونات السلطة. في الخلاط ، يُمزج ماء مالح الخرشوف المحفوظ مع مكونات التتبيل المتبقية.

c) العملية حتى تصبح ناعمة. يُضاف الصلصة إلى السلطة ويُقلب جيداً. يغطى ويبرد لعدة ساعات أو طوال الليل.

80. كوكتيل ترياكي

المكونات

- 3½ جنيه لحم بقر
- 1 كوب صلصة الصويا
- 3 فص ثوم مفروم ناعم
- 2 ملعقة طعام الزنجبيل المبشور الطازج
- 1 ملعقة صغيرة لهجة

الاتجاهات:

a) قطع اللحم البقري إلى مكعبات بحجم بوصة. يُمزج صلصة الصويا والزنجبيل والثوم واللكنة.

b) دع الخليط يمتزج لمدة ساعة. يُضاف إلى اللحم البقري وينقع طوال الليل في الثلاجة في كيس بلاستيكي أو وعاء بلاستيكي أو زجاجي مغطى بالضحلة ، مع التحريك من حين لآخر.

c) مكعبات لحم سيخ على أعواد صغيرة من الخيزران ، حوالي 4-5 لكل عود. يصنع حوالي 70 كابوبس كوكتيل.

d) رتبي الطعام بفاعلية على صينية مغطاة بورق الألمنيوم ودعي الضيوف يشويون بشكل فردي على هباتشي أو شواية .

81. Prosciutto رقائق

المكونات

- 12 (1 أونصة) شريحة بروسيوتو
- زيت

الاتجاهات:

A) يسخن الفرن إلى 350 درجة فهرنهايت.

B) تُبطن صينية الخبز بورق زبدة وتوضع شرائح بروسكيوتو في طبقة واحدة. اخبزيها لمدة 12 دقيقة أو حتى تصبح بروسسيوتو مقرمشة.

C) اتركه يبرد تمامًا قبل الأكل.

82. رقائق البنجر

المكونات

- 10 حبات شمندر حمراء متوسطة
- 1/2 كوب زيت أفوكادو.
- 2 ملاعق صغيرة ملح البحر
- 1/2 ملعقة صغيرة ثوم حبيبي

الاتجاهات:

A) يسخن الفرن إلى 350 درجة فهرنهايت. ضع بعض أوراق الخبز بورق زبدة واتركها جانبًا.

B) قشر البنجر مع تقطيع الخضار وقطع الأطراف. يقطع البنجر بعناية إلى شرائح ، بسمك حوالي 3 مم ، باستخدام قطاعة مندولين أو سكين حاد.

C) ضعي شرائح الشمندر في وعاء كبير وأضيفي الزيت والملح والثوم الحبيبي. قلبي لتغليف كل شريحة. اتركيه جانباً لمدة 20 دقيقة ، للسماح للملح بسحب الرطوبة الزائدة.

D) يُصفّى السائل الزائد ويُرتب شرائح البنجر في طبقة واحدة على صفائح خبز مُعدّة. اخبزيها لمدة 45 دقيقة أو حتى تصبح مقرمشة.

E) تخرج من الفرن ويترك ليبرد. يخزن في وعاء محكم الغلق حتى يصبح جاهزًا للأكل ، لمدة تصل إلى أسبوع واحد.

83. رقائق الشعير

المكونات

- 1 كوب دقيق لجميع الأغراض
- ربع كوب دقيق الشعير
- ½ كوب شعير ملفوف (شعير
- رقائق)
- 2 ملاعق كبيرة سكر
- نصف ملعقة صغيرة ملح
- 8 ملاعق كبيرة (قطعة واحدة) زبدة أو
- مارجرين مخففة
- نصف كوب لبن

الاتجاهات:

a) في وعاء كبير أو في محضر الطعام ، اخلطي الدقيق والشعير والسكر والملح معًا.

b) نقطع الزبدة حتى يشبه الخليط الوجبة الخشنة. أضف ما يكفي من الحليب لتشكيل عجينة متماسكة في كرة متماسكة.

c) تقسم العجينة إلى جزئين متساويين للدرفلة. على سطح مغطى بالدقيق أو قطعة قماش معجنات ، قم بلفها من إلى بوصة. قطعيها إلى دوائر بحجم 2 بوصة أو مربعات وضعيها على صفيحة خبز مدهونة بقليل من الزيت أو مبطنة بالرق. اثقب كل قطعة بسكويت في مكانين أو ثلاثة بأسنان شوكة.

d) اخبزيها لمدة 20 إلى 25 دقيقة ، أو حتى يصبح لونها بني متوسط. تبرد على رف السلك.

84 . رقائق شيدر مكسي ميلت

المكونات

- 1 كوب جبن شيدر مبشور
- 1/8 ملعقة صغيرة ثوم حبيبي
- 1/8 ملعقة صغيرة من مسحوق الفلفل الحار
- 1/8 ملعقة صغيرة كمون مطحون
- 1/16 ملعقة صغيرة فلفل حريف
- 1 ملعقة كبيرة كزبرة مفرومة ناعماً
- 1 ملعقة صغيرة زيت زيتون

الاتجاهات:

A) يسخن الفرن إلى 350 درجة فهرنهايت. جهز ورقة بسكويت بورق زبدة أو بساط سيلبات.

B) اخلطي جميع المكونات في وعاء متوسط حتى تمتزج جيدًا.

C) قم بإسقاط أجزاء بحجم ملعقة كبيرة على ورقة البسكويت المعدة.

D) يُطهى لمدة 5-7 دقائق حتى تبدأ الحواف في التحول إلى اللون البني.

E) اتركه ليبرد لمدة 2-3 دقائق قبل إزالته من ورقة البسكويت باستخدام ملعقة.

85. رقائق بيبروني

المكونات

- 24 شريحة بيبروني خالية من السكر
- زيت

الاتجاهات:

A) يسخن الفرن إلى 425 درجة فهرنهايت.

B) ضعي ورق زبدة على صينية فرن وضعي شرائح البيروني في طبقة واحدة.

C) اخبزي لمدة 10 دقائق ثم أخرجيها من الفرن واستخدمي منشفة ورقية لإزالة الدهون الزائدة. يُعاد إلى الفرن لمدة 5 دقائق أخرى أو حتى يصبح البيبروني مقرمشًا.

86. بطاطس انجيل

المكونات

- نصف كوب سكر
- نصف كوب سكر بني
- 1 كوب تقصير
- 1 بيضة
- 1 ملعقة صغيرة فانيلا
- 1 ملعقة صغيرة كريم الترتارا
- 2 كوب دقيق
- نصف ملعقة صغيرة ملح
- 1 ملعقة صغيرة صودا الخبز

الاتجاهات:

a) كريمة السكر والسكر البني والسمن. أضف الفانيليا والبيض. امزج حتى يصبح رقيقًا. أضف المكونات الجافة. يمزج.

b) تُلف ملعقة صغيرة على شكل كرات. تغمس في الماء ثم في حبيبات السكر. ضعيها على ورقة البسكويت ، ووجه السكر لأعلى ، ثم افردها بكوب.

c) اخبزيها على حرارة 350 درجة لمدة 10 دقائق.

87 . مقرمشات ساتيه من جلد الدجاج

المكونات

- جلد من 3 أفخاذ دجاج كبيرة
- ملعقتان كبيرتان من زبدة الفول السوداني غير المضاف إليها السكر
- 1 ملعقة كبيرة كريمة جوز الهند غير المحلاة
- 1 ملعقة صغيرة زيت جوز الهند
- 1 ملعقة صغيرة فلفل هالابينو مفروم
- 1/4 فص ثوم مفروم
- 1 ملعقة صغيرة أمينو جوز الهند

الاتجاهات:

A) يسخن الفرن إلى 350 درجة فهرنهايت. على ورقة بسكويت مبطنة بورق زبدة ، ضع القشرة بشكل مسطح قدر الإمكان.

B) اخبزي لمدة 12-15 دقيقة حتى يتحول لون القشرة إلى اللون البني الفاتح والمقرمش ، مع الحرص على عدم حرقها.

C) قم بإزالة القشرة من ورقة البسكويت وضعها على منشفة ورقية لتبرد.

D) في محضر طعام صغير ، أضيفي زبدة الفول السوداني ، وكريم جوز الهند ، وزيت جوز الهند ، والهلابينو ، والثوم ، وأمينوس جوز الهند. امزج حتى يمتزج جيدًا ، حوالي 30 ثانية.

E) قطّع كل دجاجة مقرمشة إلى قطعتين.

F) توضع ملعقة كبيرة من صلصة الفول السوداني على كل دجاج مقرمش وتقدم على الفور. إذا كانت الصلصة سائلة للغاية ، فقم بتبريدها قبل ساعتين من الاستخدام.

88 . جلد الدجاج مع الأفوكادو.

المكونات

- جلد من 3 أفخاذ دجاج كبيرة
- 1/4 حبة متوسطة الحجم من الأفوكادو. مقشرة ومنزوعة النوى
- 3 ملاعق كبيرة كريمة حامضة كاملة الدسم
- 1/2 فلفل هالابينو متوسط الحجم ، مبذر ومفرومة. ناعماً
- 1/2 ملعقة صغيرة ملح البحر

الاتجاهات:

A) يسخن الفرن إلى 350 درجة فهرنهايت. على ورقة بسكويت مبطنة بورق زبدة ، ضع القشرة بشكل مسطح قدر الإمكان.

B) اخبزي لمدة 12-15 دقيقة حتى يتحول لون القشرة إلى اللون البني الفاتح والمقرمش ، مع الحرص على عدم حرقها.

C) قم بإزالة القشرة من ورقة. البسكويت وضعها على منشفة ورقية. لتبرد.

D) في وعاء صغير ، يُمزج الأفوكادو والقشدة الحامضة والهلابينو والملح.

E) تخلط بالشوكة حتى تمتزج جيداً.

F) قطّع كل دجاجة مقرمشة إلى قطعتين.

G) توضع ملعقة كبيرة من مزيج الأفوكادو على كل دجاج مقرمش وتقدم على الفور.

89 . رقائق الخضار بجبنة البارميزان

المكونات

- 3/4 كوب كوسة مبشورة
- 1/4 كوب جزر مبشور
- 2 كوب جبن بارميزان مبشور طازجًا
- 1 ملعقة طعام زيت زيتون
- 1/4 ملعقة صغيرة فلفل أسود

الاتجاهات:

A) يسخن الفرن إلى 375 درجة فهرنهايت. جهز ورقة بسكويت بورق زبدة أو بساط سيلبات.

B) لف الخضروات المقطعة في منشفة ورقية واعصرها للتخلص من الرطوبة الزائدة.

C) اخلطي جميع المكونات في وعاء متوسط حتى تمتزج جيدًا.

D) ضع أكوام بحجم ملعقة كبيرة على ورقة البسكويت المعدة.

E) اخبزي لمدة 7-10 دقائق حتى يصبح لونها بني فاتح.

F) اتركيه يبرد لمدة 2-3 دقائق ثم أخرجه من ورقة البسكويت.

90 . رقائق جوز الهند فطيرة اليقطين

المكونات

- 2 ملاعق كبيرة زيت جوز الهند
- 1/2 ملعقة صغيرة خلاصة فانيليا
- 1/2 ملعقة صغيرة بهار فطيرة اليقطين
- 1 ملعقة طعام إريثريتول حبيبي
- 2 كوب من رقائق جوز الهند غير المحلاة
- 1/8 ملعقة صغيرة ملح

الاتجاهات:

A) يسخن الفرن إلى 350 درجة فهرنهايت.

B) ضعي زيت جوز الهند في وعاء متوسط آمن للاستخدام في الميكروويف ثم ضعيه في الميكروويف حتى يذوب ، حوالي 20 ثانية. يُضاف مستخلص الفانيليا وتوابل فطيرة اليقطين والإريثريتول الحبيبي إلى زيت جوز الهند ويُحرّك المزيج حتى يتجانس.

C) توضع رقائق جوز الهند في وعاء متوسط الحجم ، ويُسكب فوقها مزيج زيت جوز الهند ، ثم تُقلب حتى تتغطى. يُوزّع في طبقة واحدة على صينية البسكويت ويُرش بالملح.

D) اخبزيها لمدة 5 دقائق أو حتى يصبح جوز الهند مقرمشًا.

91 . مقرمشات جلد الدجاج ألفريدو

المكونات

- جلد من 3 أفخاذ دجاج كبيرة
- 2 ملاعق كبيرة جبن ريكوتا
- 2 ملاعق كبيرة جبن كريمي
- 1 ملعقة كبيرة جبن بارميزان مبشور
- 1/4 فص ثوم مفروم
- 1/4 ملعقة صغيرة فلفل أبيض مطحون

الاتجاهات:

a) يسخن الفرن إلى 350 درجة فهرنهايت. على ورقة بسكويت مبطنة بورق زبدة ، ضع القشرة بشكل مسطح قدر الإمكان.

b) اخبزي لمدة 12-15 دقيقة حتى يتحول لون القشرة إلى اللون البني الفاتح والمقرمش ، مع الحرص على عدم حرقها.

c) قم بإزالة القشرة من ورقة البسكويت وضعها على منشفة ورقية لتبرد.

d) في وعاء صغير ، أضيفي الجبن والثوم والفلفل. تخلط بالشوكة حتى تمتزج جيداً.

e) قطّع كل دجاجة مقرمشة إلى قطعتين.

f) توضع ملعقة كبيرة من مزيج الجبن على كل دجاج مقرمش وتقدم على الفور.

92 . ملاعق التفاح وزبدة الفول السوداني

مكونات

- 2 تفاح متوسط الحجم
- 1/3 كوب زبدة الفول السوداني
- حشوات اختيارية: جرانولا ، رقائق شوكولاتة نصف حلوة مصغرة

الاتجاهات

a) قلب التفاح. قطّع كل تفاحة بالعرض إلى ست شرائح. انشر زبدة الفول السوداني على ست شرائح ؛ رشيها بحشوات من اختيارك.

b) ضعي فوقها شرائح التفاح المتبقية.

93 . طماطم خضراء مقلية

مكونات

- 1/4 كوب مايونيز خالي من الدسم
- 1/4 ملعقة صغيرة من قشر الليمون المبشور
- 2 ملاعق كبيرة عصير ليمون
- 1 ملعقة صغيرة زعتر طازج مفروم أو 1/4 ملعقة صغيرة زعتر مجفف
- 1/2 ملعقة صغيرة فلفل مقسم
- 1/4 كوب دقيق لجميع الأغراض
- 2 بياض بيض مخفوق قليلاً
- 3/4 كوب دقيق ذرة
- 1/4 ملعقة صغيرة ملح
- 2 حبة متوسطة من الطماطم الخضراء
- 2 طماطم حمراء متوسطة
- 2 ملاعق كبيرة زيت الكانولا
- 8 شرائح لحم مقدد كندي

الاتجاهات

a) امزج المكونات الأربعة الأولى وربع ملعقة صغيرة من الفلفل. برد حتى التقديم. ضع الدقيق في وعاء ضحل. ضع بياض البيض في وعاء ضحل منفصل. في وعاء ثالث ، اخلطي دقيق الذرة والملح والفلفل المتبقي.

b) تقطع كل طماطم بالعرض إلى 4 شرائح. تُغمر شريحة واحدة في الدقيق لتغطيتها قليلاً ؛ التخلص من الزائدة. اغمس في بياض البيض ثم في خليط دقيق الذرة. كرر مع شرائح الطماطم المتبقية.

c) في مقلاة كبيرة غير لاصقة ، سخني الزيت على نار متوسطة. على دفعات ، تُطهى الطماطم حتى يصبح لونها بنياً ذهبياً ، لمدة 4-5 دقائق لكل جانب.

d) في نفس المقلاة ، لحم الخنزير المقدد الكندي البني الفاتح على كلا الجانبين. لكل قطعة ، كدس شريحة واحدة من كل من الطماطم الخضراء ولحم الخنزير المقدد والطماطم الحمراء. تقدم مع الصلصة.

The No-Bread BLT .94

العائد: 1 خدمة

مكونات

- 6 شرائح لحم مقدد ، مقطعة إلى نصفين أفقيًا
- أوراق الخس
- طماطم طازجة مقطعة إلى شرائح

الاتجاهات

a) ضع ثلاث شرائح بجانب بعضها البعض في صف عمودي على صينية خبز مبطنة بساط سيليكون.

b) اقلب الجزء العلوي من الشريحتين الخارجيتين لأسفل ، ثم ضع شريحة من لحم الخنزير المقدد أفقيًا عبرهما.

c) رفرف لحم الخنزير المقدد احتياطيًا ، ثم اقلب الشريحة المركزية ، وضع شريحة أفقية أخرى في المنتصف. ثم أضف الشريحة الأفقية النهائية في الأسفل برفرفة الشريحتين الخارجيتين.

d) كرر لتشكيل نسج آخر من لحم الخنزير المقدد (ستحتاج اثنين لكل BLT).

e) ضع رفًا مقلوبًا مانعًا للالتصاق فوق الجزء العلوي من لحم الخنزير المقدد واطهيه تحت شواية محمصة مسبقًا حتى يبدأ لحم الخنزير المقدد في أن يصبح مقرمشًا. قم بإزالة الرف ، واقلب لحم الخنزير المقدد. عد إلى الشواية إذا لزم الأمر.

f) نقل نسج لحم الخنزير المقدد إلى ورق المطبخ لتصريف الدهون الزائدة.

g) أضيفي شرائح الطماطم والخس الروماني المقرمش إلى قطعة لحم مقدد ، ثم ضعي فوقها النسج الثاني.

95 . سندويتشات التفاح ، لحم الخنزير ، والجبن

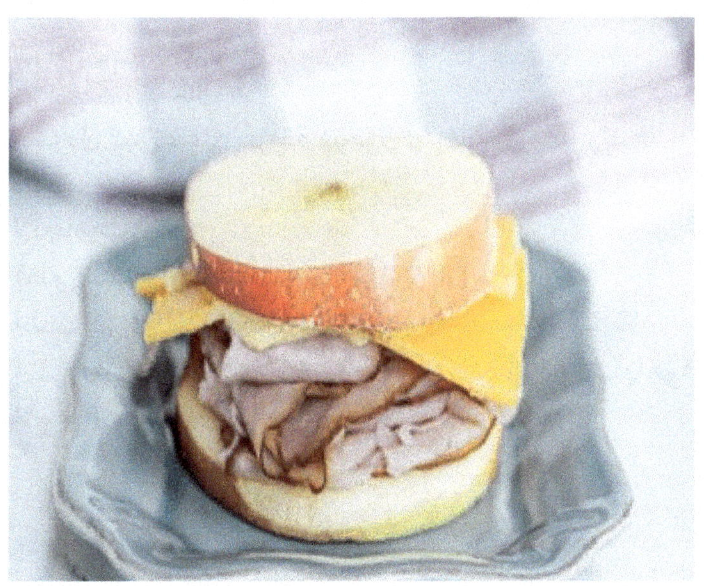

الحصص: 2

مكونات

- تفاحة
- شرائح لحم الخنزير
- شرائح كولبي جاك
- الخردل البني ، على طريقة ديجون أو بهار من اختيارك

الاتجاهات

a) قطعي التفاح إلى حلقات.

b) أضف شرائح لحم الخنزير. ضعي شرائح الجبن فوقها.

c) انشر الخردل على الحلقة العلوية من الشطيرة وضعها فوقها (جانب البهارات لأسفل).

96 . خبز برجر البطاطا الحلوة

مكونات

- 1 بطاطا حلوة كبيرة
- 2 ملاعق صغيرة زيت زيتون
- ملح وفلفل

الاتجاهات

a) قشري البطاطا وقطعيها إلى مكعبات في أشكال خبز البرجر.

b) تحتاج شريحتين متوسطتين لكل برجر تقوم بتحضيره. يمكنك طهي ما يصل إلى 16 شريحة دفعة واحدة في المقلاة الهوائية ، قبل أن تصبح القلاية الهوائية مزدحمة.

c) باستخدام يديك ، افركي زيت الزيتون عليهم.

d) يتبل بالملح والفلفل.

e) يُطهى لمدة 10 دقائق عند 180 درجة مئوية / 360 درجة فهرنهايت في المقلاة الهوائية.

f) ضع برجر البحر الأبيض المتوسط بين شريحتين من خبز البطاطا الحلوة وقدميها.

97 . صبس الخيار

الخدمات 2

مكونات

- 2 خيار
- اللحوم الباردة - الديك الرومي ، ولحم الخنزير ، أو شرائح اللحوم اللذيذة الأخرى أو محلوق
- لحم مقدد (اختياري)
- بصل اخضر (اختياري)
- طماطم (اختياري)
- أي حشو شطيرة (اختياري)
- يضحك جبن بقري أو مايونيز أو جبن كريمي أو أي بهارات أخرى

الاتجاهات

a) قطعي الخيار بالطول من طرفه إلى طرفه. أخرج الجزء الداخلي من الخيار لإفساح المجال لمواد حشو السندويتشات. أضف اللحوم والخضروات وأنواع الساندويتش الأخرى إلى داخل الخيار.

b) ضعي نصف حبة الخيار على النصف الآخر. يتمتع!!

98 . سندويتش صب إيطالي بدون خبز

الكمية: 4 سندويتشات

مكونات

- 8 فطر. بورتوبيللو كبير ، يمسح نظيفاً
- 2 ملاعق كبيرة زيت زيتون بكر ممتاز
- الملح كوشير
- 1 ملعقة كبيرة خل نبيذ أحمر
- 1 ملعقة كبيرة من الفلفل الحار المفروم ناعماً بالبذور
- 1/2 ملعقة صغيرة اوريجانو مجفف
- فلفل أسود مطحون طازجاً
- 2 أوقية شرائح بروفولون (حوالي 4 شرائح)
- 2 أونصة شرائح رقيقة من لحم الخنزير قليل الصوديوم (حوالي 4 شرائح)
- 1 أونصة شرائح رفيعة من جنوة سلامي (حوالي 4 شرائح)
- 1 طماطم صغيرة مقطعة إلى 4 شرائح
- 1/2 كوب خس مبشور
- 4 حبات زيتون محشي بالفلفل الحلو

الاتجاهات

a) ضع رف الفرن في الثلث العلوي من الفرن وقم بتسخين شواية الفرن.

b) أزل السيقان من الفطر وتخلص منه. ضع الخياشيم في قبعات الفطر واستخدم سكينًا حادًا لإزالة الخياشيم تمامًا (بحيث تكون الأغطية مسطحة). رتبي أغطية الفطر على صينية خبز ، ادهنيها بملعقة كبيرة من الزيت ورشيها بربع ملعقة صغيرة ملح. قم بالشواء حتى تصبح القبعات طرية ، وتقلب في منتصف الطريق ، من 4 إلى 5 دقائق لكل جانب. اتركيه ليبرد تمامًا.

c) اخفقي الخل والفلفل الحار والأوريغانو مع ملعقة كبيرة من الزيت وبضع حبيبات من الفلفل الأسود في وعاء صغير.

d) قم بتجميع السندوتشات: قم بترتيب غطاء فطر. واحد ، مقطعة إلى الأعلى ، على سطح عمل. قم بطي قطعة واحدة من البروفولون لتلائم الجزء العلوي من الغطاء وكرر العملية بشريحة واحدة من كل من لحم الخنزير والسلامي.

e) ضعي فوقها شريحة واحدة من الطماطم وحوالي 2 ملاعق كبيرة من الخس. رشي القليل من صلصة الفلفل الحار. ساندويش بغطاء فطر آخر وثبتيه بخلة أسنان مغطاة بالزيتون. كرري العملية مع باقي المكونات لعمل 3 سندويشات أخرى.

f) لف كل شطيرة في منتصفها بورق شمع (سيساعد ذلك على التقاط كل العصائر) وقدمها.

99. ماك اند تشيز سلايدر

حجم الوجبة: 12

مكونات:

- 1 كوب مكرونة
- 1 ملعقة كبيرة زبدة
- فلفل للذوق
- 1 ملعقة صغيرة دقيق لجميع الأغراض
- نصف كوب حليب
- ربع كوب جبن شيدر مبشور
- 18 أوقية. رولز. حلوة هاواي
- 16 أوقية. لحم الخنزير المشوي ، مطبوخ
- 1 ملعقة كبيرة عسل
- نصف ملعقة صغيرة خردل مطحون
- 2 ملاعق كبيرة زبدة ذائبة

الاتجاهات

a) سخني الفرن إلى 375 درجة فهرنهايت.
b) اطهي المعكرونة حسب الإرشادات الموجودة على العبوة.
c) يُصفّى ويُترك جانباً.
d) أضيفي الزبدة إلى مقلاة على نار متوسطة.
e) أضيفي الفلفل والدقيق.
f) حرك حتى يصبح ناعما.
g) يُغلى المزيج مع التحريك.
h) طهي لمدة 3 إلى 5 دقائق.
i) نضيف الجبن ويطهى مع التحريك حتى تذوب.
j) أضف المعكرونة المطبوخة إلى المقلاة.
k) رتبي قيعان اللفافة في صينية للخبز.
l) ضعي فوقها خليط الجبن والمعكرونة ، ولحم الخنزير المبشور ، ولفائف القمم.
m) في وعاء صغير ، اخلطي العسل والخردل والزبدة.
n) فرشاة الاسطح مع هذا الخليط.
o) اخبزيها في الفرن لمدة 10 دقائق.

100 . سلايدر ديك رومي مع البطاطا الحلوة

يصنع 10 حصص

مكونات

- 4 شرائح لحم مقدد مدخن من أبلوود ، مفرومة. ناعماً
- 1 رطل ديك رومي مطحون
- 1/2 كوب فتات بانكو
- 2 بيض كبير
- 1/2 كوب جبن بارميزان مبشور
- 4 ملاعق كبيرة كزبرة مفرومة طازجة
- 1 ملعقة صغيرة ريحان مجفف
- 1/2 ملعقة صغيرة كمون مطحون
- 1 ملعقة كبيرة صلصة الصويا
- 2 بطاطا حلوة كبيرة
- جبنة كولبي مونتيري جاك المبشورة

الاتجاهات

a) في مقلاة كبيرة ، يُطهى لحم الخنزير المقدد على نار متوسطة حتى ينضج. استنزاف على المناشف الورقية. تخلص من جميع المرق باستثناء ملعقتين كبيرتين. ضعي المقلاة جانبًا. يُمزج لحم الخنزير المقدد مع المكونات الثمانية التالية حتى يمتزج جيدًا ؛ غطيها وضعيها في الثلاجة لمدة 30 دقيقة على الأقل.

b) يسخن الفرن إلى 425 درجة. قطع البطاطا الحلوة إلى 20 شريحة حوالي 1/2 بوصة. ضع الشرائح على صينية خبز غير مدهونة ؛ اخبزيها حتى تنضج البطاطا الحلوة لكن ليست طرية ، 30-35 دقيقة. إزالة الشرائح تبرد على رف السلك.

c) سخني المقلاة مع التنقيط المحجوز على نار متوسطة إلى عالية. شكلي خليط الديك الرومي في فطائر بحجم منزلق. اطبخ المنزلقات على دفعات ، 3-4 دقائق على كل جانب ، مع الحرص على عدم تزاحم المقلاة. أضف قليلًا من جبن الشيدر المبشور بعد قلب كل منزلق في المرة الأولى. اطبخي حتى يقرأ مقياس الحرارة 165 درجة وتصبح العصائر صافية.

d) للتقديم ، ضع كل سلايدر على شريحة بطاطا حلوة. ربت بالعسل خردل ديجون. غطيها بشريحة بطاطا حلوة ثانية. ثقب مع المسواك.

خاتمة

يعد Tailgating فرصة ممتازة للاستمتاع بالمأكولات والمشروبات اللذيذة أثناء قضاء الوقت مع أحبائهم قبل حدث رياضي. سواء كنت تشوي البرغر والهوت دوج أو تقدم التغميسات والوجبات الخفيفة اللذيذة ، فإن الوصفات الذيلية سترضي بالتأكيد أي شهية. لذلك أشعل الشواية ، واصطحب أصدقائك وعائلتك ، واستعد ليوم مليء بالمرح من الرياضة والطعام الرائع. مع هذه الوصفات سهلة الصنع ، ستكون على يقين من أنك ستحظى بيوم لعبة فائزة.

Ingram Content Group UK Ltd.
Milton Keynes UK
UKHW020801180623
423627UK00008B/19

9 781835 005514